——新课程背景下教师必备基本功

说课的艺术

SHUOKEDEYISHU

孙中华◎主编

吉林文史出版社

图书在版编目（CIP）数据

说课的艺术／孙中华主编. ——长春：
吉林文史出版社，2013. 2（2021. 6重印）
（新课程背景下教师必备基本功系列）
ISBN 978 - 7 - 5472 - 1461 - 9

Ⅰ. ①说… Ⅱ. ①孙… Ⅲ. ①说课 - 教学法 - 中小学
Ⅳ. ①G632. 421

中国版本图书馆 CIP 数据核字（2013）第 034973 号

新课程背景下教师必备基本功系列

说课的艺术

SHUOKEDEYISHU

编著／孙中华
责任编辑／高冰若
封面设计／小徐书装
出版发行／吉林文史出版社
地址／长春市福祉大路5788号
邮编／130118
网址／www.jlws.com.cn
印刷／三河市燕春印务有限公司
开本／710mm×1000mm　1/16
印张／14　字数／150 千字
版次／2013 年 4 月第 1 版　2021 年 6 月第 3 次印刷
书号／ISBN 978 - 7 - 5472 - 1461 - 9
定价／39. 80 元

前　言

　　说课是近年来兴起的一种教育教学研究和教师基本功训练的活动形式，是教学改革的新课题，也是基础教育一线教师日常教育教学工作的重要环节，对于教师更深刻地内化教育基本理论和科学的教育理念、理解并掌握新课程标准的精神和新课程的实质以及对于广大教师的课堂教学行为的反思和教学水平的提升，都起着举足轻重的作用。

　　说课是授课教师在独立备课基础上，面对同行或者教研人员，系统地阐述自己的教学设想及其理论依据，然后由听者评说，以达到相互交流、共同提高的一种有效的教学研究形式，是处在备课与上课之间的一种特殊教研形式，像是架构在备课与上课之间的一道桥梁。通过说课，教师能够发现（或被发现）备课环节中的优势与不足，展现有价值的、有创新的、合理的教学设计，当然也能暴露出不切合实际的、不具有可行性的、甚至是无法达到预期效果的教学设计，这样既能分享好的理念，又能在正式给学生上课之前，消减可能的过失。同时，说课也能促使教师去摸索适合自己的授课风格，摸清自己教学对象的知识背景和认知发展状况，主动总结经验，主动分享经验，形成良好的教学研究氛围，甚至是教研共同体，有助于教师成长为专家型、研究型教师，也有助于推进新课程改革进入良性循环。因此，架构一道好的说课之桥对于教师、学生、教研人员而言，都是意义重大的。

　　但是，实际工作中，很多学校的说课还处于摸索阶段，没有形成良好的备课—说课—评价—反思—再备课—再说课—上课—总结提升这样的轨道，更多的是流于形式，为了竞赛或者评职称而去进行说课，实际教学中又走老路子。究其根本，一方面是学校、教师没有认识到说课在教学中的意义和价值，另一方面是知道说课重要，但是不知道如何说课、如何开展说课活动才是有效的，如何让说课变成一种艺术，教师能说、愿意说、会说、说得好。因此本书将从以下几个部分对说课进行解剖式的阐释：

第一章为说课的基本理论，界定说课的概念，介绍说课的目的和功能，阐明说课的原则以及概览性地陈述说课的一般过程。

第二章到第五章分别从说课的几个重要环节进行详细阐释，包括说教材、说教法、说学法、说教学过程，并结合优秀的案例加深读者对具体问题的理解。

第六章主要探讨说课评价的问题。阐明说课评价的重要意义，介绍说课评价所要关注的内容以及说课评价的途径方法和技巧。

本书希望通过这种宏观的和具体的介绍与阐释，达到三个目的：首先是希望广大基础教育一线教师能够通过阅读本书，认识到说课的重要意义，了解什么是说课、说课的具体环节包括哪些、怎样使说课具有艺术性。其次是为教师提供一些参考，书中选取了一些优秀的说课案例，希望通过实际案例的展现，给教师们一个直观的印象和明确的参考，为自己的说课积累一些素材和模板。最后是希望能够使教师通过了解说课，爱上说课，掌握说课的艺术，进而使教师能够艺术地说课，并且从说课过程中获得享受和成长。

编　者

2012年12月

目 录
contents

第一章　说课的基本理论

捷克大教育家夸美纽斯的《大教学论》只解决了如何上课，而说课却解决了如何研究上课以及为什么要这样上课，这使得教师摆脱了"教书匠"的习惯性操作，使得授课的过程不再像生产线一样机械、刻板、匠气，而具有了生机、活力和灵气，使教师迈上研究型教育专家之路，说课同昔日夸美纽斯对班级授课制的实践经验的理论论证和总结相比，具有同等重要的价值。本章将概览性地全景展现何为说课，认识其意义、目的、功能，了解说课的原则和一般过程。

第一节　说课的概念

说课在教学中有着非常重要的地位，对说课的认识和重视直接影响到教师的教学效果。

在开始介绍说课的概念前，先要厘清说课与上课的区别和联系，这有利于我们更好地理解它。说课和上课都是为了上好课、提高课堂教学质量。但是说课和上课有着明显不同的地方。

首先，目标的指向不同。上课是教师依照教学大纲给的任务，根据自身知识经验有效地组织课堂的过程，其目的是给学生一堂有知识性内容的课。正所谓"师者，传道授业解惑也"。而说课是向听者介绍一节课的教学设想，使听者听懂你设计的目的意图和理论根据及如何展开教学的理念和实施过程。

其次，核心内容不同。上课和说课虽然都是解决教什么和怎样教的问题。但是上课只是一个纯粹让学生"知其然"的过程，即通过教师的引导，让学生逐渐从"不知"到"知"的过程。而说课除了说教什么和怎样教外，还要简练精辟地揭示这节课为什么要这样教，要让听者"知其然"的同时知其"所以然"。说课是执教者教育实践与教育理念相结合的自我展示。

再次，指向的对象不同。上课面对的是学生，说课是面对同行或教研员、领导、专家和评委。如果把教学看作一个项目或者是任务的话，说课就是通往目标任务的良好的蓝图和规划。

最后，二者方法不同。上课是师生的双边活动，教师并非一个人唱独角戏，而是在整个过程中与学生进行及时有效的互动，调节课堂气氛的同时也能提高课堂质量。说课则是以教师自己的解说为主，当然说－研型还包含着教师间的讨论，说－研－评型的说课也包含着与专家学者的辩论和探讨，所以要看具体说课的类型，之后章节会有介绍，可以作为参考。

此外，如果与备课联系起来，那么说课明显就是备课的一个环节。它通过说课这种方式来检验教师的备课情况，有助于提高教学的严谨性和教师的责任感。因此，备课、说课、上课（或者讲课）是环环相扣的三个环节，体现了教学的严密性和完整性。

一、说课的含义

说课作为一种教学、教研改革的手段，最早是由河南省新乡市红旗区的教师于1987年提出来的。从起源上看，说课是指教师口头表述具体课题的教学设想及其理论依据，也就是授课教师在备课的基础上，面对同行或教研人员，讲述自己的教学设计，然后由听者评说，达到互相交流、共同提高的目的的一种教学研究和师资培训的活动。随着课程改革的逐步深入，说课也在经历巨大的变革。在说课中我们认识到，这种描述是不全面的。在学生实习的过程中我们发现，说课既可以是针对具体教学内容的，也可以是针对一个观点或一个问题的。因此，我们认为，说课有广义和狭义的区分。

广义的说课是指在教师工作中，教师针对某一观点、问题或具体教学内容而进行的口头表述教学设想及其理论依据的活动。说得简单点，说课是在同行和专家面前讲一讲你在现有教学内容和安排情况下，整体的教学思路和理念及实施策略。即是根据一定的标准运用科学可行的方法对说课的内容、过程、形式、技巧、效果等进行价值判断的活动。

狭义的说课是指在教师的具体教学工作中，针对某一或者某部分课堂教学内容而进行的口头表述教学设想及其理论依据的活动。与广义的说课比较，它具有更具体的内容指向和范围，并且在具体的理念范畴中有相对稳定的相关课程标准作为宗旨和指引。

二、说课的类型

关于说课的类型，不同学者有其不同的见解和看法。但是综合来看，说课的类型很多，根据不同的标准，有不同的分法。

按学科分，有语文说课、数学说课、音体美说课等。

按用途分，有示范说课、教研说课、考核说课等。

按整体来分，有实践型说课和理论型说课。实践型说课就是指针对某一具体课题的说课。而理论型说课是指针对某一理论观点的说课，多用于实习中的说课，达到考查实习生理论水平的目的。具体内容我们会在后面"说课内容"中呈现。

按教学过程，说课可分为两大类型、三个层次、五种课型。

两大类型，即课前说课和课后说课。课前说课指教师在备课后、上课前对一堂课的教学方案设计的阐述。课后说课指教师在上课后对一堂课的教学方案设计的分析和介绍。一般情况下，说课通常采取课前说课。

三个层次，即说课可分为说一节、说一章、说一个单元三个层次，一般情况下，说课重点是说一节课的教学内容设计。

五种课型，即说课又可具体分为研讨性说课、示范性说课、评比性说课、综合性说课和提高性说课五种课型。

说课类型		主要作用	适应课型
课前说课	研讨性说课	提高教师业务素质和研究能力	青年教师的公开课
	示范性说课	培养教学能手	中老年教师的示范课
	评比性说课	培养骨干教师	中青年教师的优质课
	综合性说课	培养教学专家	中年教师的交流课
课后说课	提高性说课	提高教师教学水平和对教师教学水平的评价	一般教师的提高课

通常把说课分为四类，即说—研型、说—评型、说—评—研型、示范型。

(一)说—研型

就是研讨性说课，一般以教研组(室)、年级组或学科组为单位，通常采用集体备课的形式，先由一位教师事先备课，写好讲稿，然后说课，"说"后大家评议修改，变个人智慧为集体智慧，这是大面积提高教师业务素质和研究能力的有效途径。简单来说，就是不同教师有其上课的套路，各自说明自己的理念和想法后，"取其精华去其糟粕"，最后形成一个科学的、可实行的教学模式。这样有利于教学统一性和公平性，但是却无法达到因材施教的效果，个性化的教育也无从谈起。

(二)说—评型

亦即评比性说课，要求说课教师按照指定的教材、规定的课题，在限定的时间内写出说课讲稿，然后依次登台"演说"，由评委评定比赛名次。评比性说课有时还要求说课教师将说课内容付之课堂实践，通过上课实效来评价说课质量，最后由评委决定比赛名次，这是培养骨干教师的有效途径。主要是教育评价手段，多用于说课竞赛或教师素质评定，通过说课评价教师的教学水平、理论水平、说课水平及职业素质。此种类型不仅在于说，更重要的在于评以及说和评之间的沟通交流。任何一方作为主导都是不可取的。

(三)说—评—研(或说—研—评)型

多用于观摩教学研讨和教师素质评定,其操作程序为说课—上课—评价研讨或上课—说课—评价研讨。类似于综合性说课和提高性说课,综合性说课要求说课教师在说课后把说课实践与交流说课理论和总结说课经验综合起来,在说课实践的基础上,总结说课经验,上升到说课理论,从而把说课活动推向更高层次,这是培养教学专家的途径。提高性说课指授课教师上课结束后对该堂课在课堂实践的基础上进行说课,这是提高教师教学水平和业务素质的有效途径。另外,提高性说课还可作为评价、衡量教师教学水平的一种重要的辅助手段和参考尺度,此类说课是高层次的教研活动和高精确度的教学评价手段。说课为研评活动提供上课不能反映出来的备课信息。研评者根据教师上课和说课所提供的理论与实践两方面信息,把教师的主观设想和客观教学效果进行比较、分析、研究和评价。

(四)示范型

示范性说课一般选择业务能力强、教学经验丰富、教学基本素质较高的教师做示范性说课,然后将说课内容付诸课堂教学,最后组织听课教师或教研人员对说课教师的说课内容及课堂教学做出评价。同时,听课教师从"观说课—看做课—听评课"中增长见识、开阔眼界。示范性教学是培养教学能手的重要途径。

三、说课的特征及内容

(一)说课的特征

说课作为一种教研活动,具有教研活动的一般性质和特征。首先,它具有群体性,即由众多教师、同行参与。其次,说课具有交流性,具有相同知识基础的说课者与听讲者要以"说"与"评"的形式,彼此进行意见交流。再次,具有一定的研究性,即交流的内容是各自经过一定研究的创新性结果。最后,还具有可操作性,它要求教师在极为有限的时间内完成说课,且必须详略得当、繁简适宜,准确把握说课的尺度。

说课的群体性、研究性和可操作性已经引起了广大教师的高度关注。说课作为教学研究工作的新形式，它为教学研究工作注入了新的生机与活力，向广大教师提出了以下要求：(1) 要求教师要以现代教育教学理论为指导，确立素质教育的观念，依据学科课程标准的要求、教材特点、学生实际来设计教学；(2) 要求把"说"与"评"紧紧结合起来，创新教学设计，营造良好的教学科研氛围，起到以"虚"带"实"的作用；(3) 通过说课，教师对教材进行"二次开发"，促使教师深入钻研课程标准和教材，研究教学对象的具体情况，恰当地确定教学目标，认真研究教法，精心设计，优化教学过程；(4) 通过解决教师在较短的时间内讲清"教什么"、"怎么教"以及"为什么这样教"之类的教学问题，从而展现说课教师的思维过程，显示教师对课程标准、教材的理解程度，驾驭教材和课堂的水平以及运用教育教学理论的能力。

(二)说课的内容

说课的内容是说课的关键。不同的说课类型说课的内容自然也不同，这也是我们这几年主要研究的问题和关键所在。前面已经提到，从整体来划分，说课被分为理论型说课和实践型说课两种。这里首先从实践型的说课来分析，那么实践型说课主要应该有以下几个方面的内容：

1. 说教材

主要是阐述教材简析、教学目标、重点难点、课时安排、教具准备等，这些可以简单地说，目的是让听的人了解你要说的课的大概内容。

2. 说教法

是阐述根据教材和学生的实际，准备采用哪种教学方法。这应该是总体上的思路，它始终贯穿其中。

3. 说过程

这是说课的重点。就是说说你准备怎样安排教学的过程，为什么要这样安排。一般来说，应该把自己教学中的几个重点环节说清楚。如课题教学、常规训练、重点训练、课堂练习、板书设计、作业安排等。在几个过程中要特别注意把自己教学设计的依据说清楚。这也是说课与教案交流的区别所在。

理论型说课与实践型说课有一定的区别，实践型说课侧重说教学的过程和依据，而理论型说课则侧重说自己的观点。一般来说，理论型说课应该包含以下几个方面的内容：

(1)说观点。理论型说课是针对某一理论观点的说课，所以我们首先要把自己的观点说清楚。赞成什么，反对什么，要立场鲜明。

(2)说实例。理论观点是要用实际的事例来证实的。说课中要引用恰当的、生动的例子来说明自己的观点，这是说课的重点。

(3)说作用。说课不是纯粹的理论交流，它注重的是理论与实践的结合。因此我们要在说课时结合自己的教学实践，把该理论在教学中的作用说清楚。

四、说课的有效途径

功夫在说课中磨炼，效果在讲课中体现，要提高说课水平，使说课说有成效，必须认识到以下几个问题：

(一)说课是上课的基础

说课的目的是为了上好课，说课是上好课的有效手段之一，说课作为一种"虚拟教学"，是教师用专业语言对一堂课的教学过程进行自我设计和描述的过程。这种主观设计是否科学还要通过上课的效果来检验，上课成功与否是检验说课效果的重要标准。因此，抓好说课，与上课结合起来，先说课后上课效果更佳。

(二)说课与评课结合起来

说课是说课教师说、听课教师评、说评结合的一种双向活动。一方面，不仅要求说课教师要"说"好课；另一方面，要求听课教师要"评"好课。只有听课教师认真评课，评到点子上，才能不走过场，不流形式，才能使说课者"说"有成效。

(三)说课与看课相结合

说课也是一种特殊形式的教学观摩活动,对听课教师来说,首先要求眼到,认真"看课",善于察言观色,"看"清说课教师的一言一行,"看"准说课教师的教学思路,"看"透说课教师教学方案设计的整体思想。

(四)说课与教学研究相结合

说课是一项十分有益的教研活动,要求参与说课活动的人员必须全身心投入,还要多思考,做到说课与教研相结合。通过"说"剖析自己真切的感受,通过反复分析总结,不断提高教师的说课水平与教学素质。

总之,说课只有与上课、评课、看课、研究有机结合起来,才能"说"有成效,使参与说课活动者均有收获。

五、说课的优势与意义

(一)说课的四个优势

1.机动灵活

说课不受时间、地点、教学设备的限制,可随时随地进行,也不受教学对象和参加人数的制约,只要两个人以上即可进行。

2.短时高效

单纯的说课一般时间较短,10—20分钟即可完成,但内容却十分丰富,既包括教师对教材的理解掌握和分析处理,又包括教法设计;既要说清怎么教,又要讲出为什么这样教。

3.运用广泛

说课的运用很广,招聘新教师、领导检查教师备课、教师间研究教学、评价教师的教学水平、开展教学技能竞赛等均可采用说课的方法。

4.理论性强

说课的理论因素很浓,能充分体现教师的教学思想。上课是实践性的表演,说课是理论性的分析,教师没有一定的理论水平,是说不好课的。

(二)说课的意义

实践证明,说课活动有效地调动了教师投身教学改革、学习教育理论、钻研课堂教学的积极性,是提高教师素质、快速提高教师教学水平的最好途径。以下将从四个方面对说课的意义进行阐述:

1.有利于提高教研活动的实效

以往的教研活动一般都停留在上几节课,再请几个人评评课。上课的老师处在一种完全被动的地位。听课的老师也不一定能理解授课教师的意图,导致了教研实效低下。通过说课,让授课教师说说自己教学的意图,说说自己处理教材的方法和目的,让听课教师更加明白应该怎样去教,为什么要这样教,从而使教研的主题更明确,重点更突出,提高教研活动的实效。另外,我们还可以通过对某一专题的说课,统一思想认识,探讨教学方法,提高教学效率。

2.有利于提高教师备课的质量

我们看过了很多教师的备课笔记,从总体上看教师的备课都是很认真的。但是我们的老师都只是简单地备怎样教,很少有人会去想为什么要这样教,缺少理念指导,缺乏理论依据,导致了备课质量提高慢。通过说课活动,可以引导教师去思考。思考为什么要这样教学,这就能从根本上提高教师备课的质量。

3.有利于提高课堂教学的效率

教师通过说课,可以进一步明确教学的重点、难点,理清教学的思路。这样就可以克服教学中重点不突出、训练不到位等问题,提高课堂教学的效率。

4.有利于提高教师的自身素质

一方面,说课要求教师具备一定的理论素养,这就促使教师不断地去学习教育教学的理论,提高自己的理论水平。另一方面,说课要求教师用语言把自己的教学思路及设想表达出来,这就在无形中提高了教师的组织能力和表达能力,提高了自身的素质。

第二节　说课的目的和功能

一、说课的宗旨、目的与目标

宗旨、目的与目标具有内在的联系，从宗旨到目的再到目标是一个从宏观到中观再到微观的过程，越来越具体。在教育系统中，教育宗旨、教育目的、教育目标以及教学目标等构成一个有机整体。

(一)说课的宗旨

宗旨指最终的价值追求，具有较强的理想色彩，一般体现为宏观的理念。提高教育质量是教育改革追求的终极目标之一，即宗旨。说课促使教师提高自身的业务素质，这本身就有利于教学质量的提高。教师是提高教学质量的根本，从这一角度讲，说课是抓住了提高教学质量的主要矛盾，扣住了根本。再说，说课提高的是整个教师群体的整体素质，它所带来的积极效应是大面积教学质量的提高。还有，教育改革和教学研究，就教师而言，历来只研究"教什么"和"怎样教"，而不研究"为什么这样教"。研究"教什么"和"怎样教"固然重要，但如果仅仅局限于此，教师就难以将教学现象上升到理性的高度去加以认识和总结，这一方面导致教师永远走不出教书匠的阴影，无法成为研究型的教师，另一方面，也使提高教学质量的努力先天性地打上了折扣。而说课不但研究"教什么"、"怎样教"，而且还突出"为什么这样教"的研究，这就解决了教育改革和教学研究长期以来未曾重视和未能解决的学校教学中的一个重大问题。它将对我国整体教学质量的提高和促进教师由经验型向科研型转化，产生不可低估的作用。

(二)说课的目的

在教育理论界，对教育宗旨的探究往往通过对教育目的的研究表现出来。教育目的是教育活动的总目标。

既然说课的宗旨是为提高教学质量，那么其目的则是为了检验教师整个课程的设置和安排，虽然课堂的效果是无法得知的，但是通过说课我们可以预见。说课是为更好地使教师有效组织课堂。

(三)说课的目标

目标不仅包含知识的理解、识记、掌握、运用，还包括对学生非智力因素的培养、创新精神的培养、德育教育、情感教育，当然这些目标都是预设性目标。由于课堂教学的多变性，新课改提倡开放、富有创造性的教学。根据美国课程论专家舒伯特的观点，课程目标的形式取向主要有四种类型，即普遍性目标、行为性目标、生成性目标及表现性目标，在此不做一一赘述了。但是我们可以从课程的目标中得到一些启示。

譬如，在教学情境中伴随着教学活动的展开还会产生一些教学活动之前难以预料的生成性目标。生成性目标即"形成性目标"，它是在教育情境中随着教育过程的展开而自然生成的课程目标，这是课堂教学追求的理想目标。教师在说课过程中预见可能的生成性目标，这有利于真正教学过程的高效进行。

教学目标包括三个方面，即《课标》提出的总目标、年级教学的分目标、单元及课文教学的小目标。说目标要紧扣总目标，掌握分目标，说清课文教学的小目标，如知识目标、智能目标、情感目标、学法目标等。

案例1-1 《直线、线段》的教学目标

1.知识目标：使学生初步认识直线和线段，知道线段有两个端点，直线没有端点，并能区别直线和线段。

2.技能目标：使学生学会用刻度尺量和画整厘米数的线段。

3.教育目标：培养学生观察比较能力和动手操作能力，注意学生良好的学习习惯的养成。当然具体情况具体分析。

教学目标是教学设计的出发点和归宿，它对教学活动具有很好的导向和监控

作用。说课时，如何科学描述教学目标呢？

案例1-2 《硝酸及其应用》的教学目标(1)

知识目标：让学生掌握硝酸的物理性质和化学性质，特别是硝酸的强氧化性；了解硝酸的用途。

……

上述表达是否合理呢？我们知道，教学目标是教学活动后促使学生达成的身心发展水平。因此，教学目标表述必须具备以下两个特征：

(1)必须明确说明对象，即学习什么、掌握什么；

(2)必须用可以检测或者能够评价的词语来界定目标属性，如"说出……的名称"、"用自己的话说明……"、"对……进行解释"或"陈述……之间的关系"等。

根据这样的要求，规范的目标必须考虑以下四个方面的要素：

(1)谁？（行为主体）；

(2)做什么？（行为动词）；

(3)做到什么程度（行为水平或行为标准）；

(4)在什么条件下？（行为条件）。

当然，在具体描述中，通常(1)和(4)被省略而突出(2)和(3)。

分析上述教学目标，不难发现其行为主体定位是错误的。因为该目标隐含的真实意义是：教师通过教学让学生掌握硝酸的物理性质和化学性质，其主体变成了教师。相比而言，另一种表述则高明多了。

案例1-3 《硝酸及其应用》的教学目标(2)

通过观察硝酸溶液及相关实验，准确描述硝酸的物理性质和化学性质（特别是氧化性），并能从硝酸的组成特征上对其化学性质进行解释；通过具体实例，说明硝酸在工农业生产中的重要应用。

……

这样的目标陈述，和前一案例相比，可以发现，不仅仅是描述方式上存在差异，更重要的是体现了教师教学理念的转变——扭转了"教师讲、学生听"的被动学习局面，把教学的立足点转移到以学生为主体的学习上来，注重发挥学生学习的主动性。

从说课的宗旨到说课的目的，最后到说课的目标。它们相互联系、密不可分，并且是层层递进的关系。只有这些首先确定下来了，说课才能继续往下进行。

二、说课的功能

(一)检查功能

领导可以通过教师说课，检查其备课情况，指出存在的问题，促使其修改教学方案，进一步提高备课质量。

(二)评价功能

通过说课，评价教师的教育教学理论功底，文化知识、专业知识掌握程度，评价教师的业务能力，进而综合评价教师的教学水平。同时，说课得答辩，通过答辩，能更真实、更准确地测试出教师的逻辑思维能力和语言功底。

(三)培训功能

说课促进教师对教育教学理论的学习和掌握。由于在说课中除了要求说清教学设计常规项目外，还要求教师说出进行教学设计所依据的教学理论，要求教师不仅要具备一定的文化专业知识，还必须掌握教育科学知识，具备一定的教育教学理论水平，促使教师在钻研教材的同时，认真学习和钻研教育学、心理学以及教法和学法等教育教学理论，促进教师的业务素质从单一的学科文化知识过渡为既有学科文化知识又掌握一定的教育教学理论多元的素质结构，使自身文化业务素质不断提高。这也是培养专家型教师的有效途径之一。

(四)研究功能

说课促使教育教学理论与教学实践相结合。现代的教学，离不开现代化教育教学理论的指导，特别在说课中，不仅在说教什么、怎样教中需要理论指导，在说明理论依据中更需要从教育理论中寻找依据，如在说教学程序设计时，需要以教学论中课堂教学的类型和结构的理论为指导，而在教与学的关系中就要依据教育学中教师为主导、学生为主体的关系的理论，这就极大地促进了教育教学理论与教学实践相结合。说课的说与评是紧密结合在一起的，说者在说前需要深入研究，评者要给予点拨、指导评价。说评结合，共同总结教学经验，使教师由实践上升到理论，促使教学研究进一步深入，为培养科研型的教师打下基础。

第三节　说课的原则[1]

一、说课的"七大原则"

(一)科学性原则

科学性原则是教学应遵循的基本原则，也是说课应遵循的基本原则，它是保证说课质量的前提和基础。科学性原则是说课的基本要求，具体表现在以下几个方面：(1)教材分析正确、透彻；(2)学情分析客观、准确、符合实际；(3)说课内容符合新课程标准的要求；(4)说课内容安排的合理性；(5)说课人的现代科学观念。

1.教材分析正确、透彻

说课中，教师不仅要从微观上弄清、弄懂各知识点的内涵和外延，做到准确无误，更重要的是要从宏观上正确把握本节课教材内容在本学科、本年段的地位、作用以及本课内容的知识结构体系，深刻理解各知识点之间的关系。

---

[1]　佚名．说课遵循的原则 [J]．教育理论与实践，2008(03)：9.

2.学情分析客观、准确、符合实际

说课中教师要从学生学习本课的原有基础和现有困难两个方面分层次，客观、准确地分析学情，为采取相应的教学对策提供可靠的依据。

3.说课内容符合新课程标准的要求

教学目的包括本节课的总目标与具体的基础知识目标、发展智能目标和思想教育目标，其确定都要与教材分析和学情分析保持高度的一致性，要有切实可行的落实途径。

4.说课内容安排的合理性

所谓安排的合理，就是要求教法设计紧扣教学目的、符合课型特点和学科特点、有利于发展学生智能、可行性强。说课中，教师既要说清本节课的总体构想以及依据，又要说清具体的教学设计。尤其是关于重点、难点知识的教法设计的构想及其依据，使教法设计思路清晰、具有较强的可操作性。

5.说课人的现代科学观念

说课教师应当具有现代的科学观念，坚持唯物主义思想，运用辩证的思维方式进行教学环节的设计和内容的选择，并且有良好的现代教育理念和相关理论基础，了解并熟悉心理学的基本理论和学习方法。

(二)理论联系实际原则

说课是说者向听者讲述其对某节课教学设想的一种方式，是教学与研究相结合的一种活动。因此在说课活动中，说课人不仅要说清其教学构想，还要说清其构想的理论与实际两个方面的依据，将教育教学理论与课堂教学实践有机地结合起来，做到理论与实践的高度统一。

1.说课要有理论指导

在说课中对教材的分析应以学科基础理论为指导，对学生情况的分析要以教育学、教学心理学理论为指导，对教法的设计应以教学论和学科教学法为指导，力求所说内容言之有理、言之有据。

2.教法设计应上升到理论高度

教师在教学实践中,往往注意对教法本身的探索、积累与运用,而忽略了将其总结上升到理念高度并使之系统化、规律化,因而淡化、浅化了教学实践的功能。说课中,都是应尽量把自己的每一个教法设计上升到教育教学的理论高度并接受其检验。

3.理论与实际要有机统一

在说课中,既要避免空谈理论、脱离实际、放之四海而皆准,又要避免只谈做法不谈依据;还要避免为增加理论色彩而张冠李戴,理论与实际不一致、不吻合。要做到理论切合实际,实践是在理论指导下的实践,理论与实践要高度统一。

(三)实效性原则

任何活动的开展都有其鲜明的目的,说课活动也不例外。说课的目的就是要通过"说课"这一简易、速成的形式或手段来在短时间内集思广益,检验和提高教师的教学能力、教研能力,从而优化课堂教学过程,提高课堂教学效率。因此,"实效性"就成了说课要求的核心。为保证每一次说课活动都能达到预期目的、收到可观实效,至少要做到以下几点:

1.目的明确

大体上,说课可用于检查、研究、评价、示范等多种目的。一般来说,检查性说课主要用于领导检查教师的备课情况;研究性说课主要用于同行之间切磋教法;评价性说课主要用于教学评比、竞赛活动、求职面试;示范性说课则是为了给教师树立说课的样板,供其学习、参考。在开展说课活动前,首先要明确目的,也就是将要开展的是哪一类型的说课活动,以便做好相应的准备工作。

2.针对性强

这主要是针对检查性、研究性两种说课活动而言。检查性说课一般来说主要针对以下问题,即教师的工作态度、教师的专业知识、教师的教学能力、教师的教研能力；研究性说课应主要针对承上启下的课节、知识难度较大的课节、结构复杂的课节以及同科教师之间意见分歧较大的课节等。只有加强了说课的针对性，才便于说课人和评课人对问题的集中研究与解决。

3. 准备充分

说课前，说课人和评说人都围绕本次说课活动的目的进行系统的准备，认真钻研课程标准和教材，分析学情，做到有的放矢。说课人还要写出条理清楚、有理有据、重点突出、言简意赅的说课稿。

4. 评说准确

评说要科学准确、指导性强。说课人说完之后，参加评说的人员要积极发言，抓住教学理论上的重大问题和教学中带有倾向性、普遍性、规律性的问题进行重点评说。主持人还应该将已达成的共识和仍存在分歧的问题分别予以归纳总结，以便在教学中贯彻执行或今后继续进行研究。

(四)综合性原则

在说课中把构成说课活动的各个因素综合起来，抓住主要矛盾，把握各个因素在说课活动中的比例。特别是新课程标准下的教学是一个系统工程，强调全面进行、协调发展，更要体现说课的综合性。

(五)生成性原则

展现说课者在预设的条件下对说课进行拓展和技术提升的程度，在说课内容上体现对教材、课程资源的开发和利用，在目标定位上把握好教学活动中产生的非预设性目标，在流程设计上体现对课堂随时出现的希望火花进行积极处理的教学策略，对学生指导上体现以人为本、因人而育，能善于发现学生的长处，为学生提供一个自我展示的平台和机会，成为学生成长的帮助者，让每位学生在原有的基础上、在不同的起点上获得最优的发展。

(六)创新性原则

说课是深层次的教研，是教师将教学构想转化为教学活动之前的一种课前预演，其本身也是集体备课，是备课活动的一个组成部分。尤其是研究性说课，其实质就是集体备课。在说课活动中，说课人一方面要立足自己的教学特长、教学风格。另一方面更要借助同行、专家参与评说，众人共同研究，树立创新的意识和勇气，大胆假设，小心求证，探索出新的教学思路和方法，从而不断提高自己的业务水平，进而不断提高教学质量。只有在说课中不断发现新问题、解决新问题，才能使说课活动永远"新鲜"，充满生机和活力。

(七)指导性原则

说课所说的内容，要对日后的讲课有一个指导性的作用。因此对于教材、学情、教法、学法、教学过程等都要做到追求真实。只有一切都根据具体实际情况做，设计的课程才能够被运用到教学中，并达到预期效果。因此说课包括说课评价，都是为真实的教学服务的指导性原则，必须坚守。

二、说课应注意的问题

(一)说课应突出"新"和体现"美"

1.突出一个"新"字

创新是艺术的生命，只有创新才能突出说课的艺术。"新"是说课成功的关键，"新"的要求很高：

方法新——不能平铺直叙。

结构新——要有起伏，高潮迭起。

练习新——要激发学生的兴趣，启发学生的智慧。

手段新——运用多媒体突出重点，图文并茂。

设计新——导入新课、展开新课、巩固新课、结束新课等几个环节，要环环紧扣，具有新意。

开始新——从开讲艺术到结尾艺术要吸引听者，引起共鸣。

2.体现一个"美"字

美是艺术的核心，说课要跟讲课一样处处体现美，给人美的享受。

内容美——教师要善于从教材里感受美、提炼美、提示美，使原有的美更添色彩。

语言美——教师语言美是决定说课成败的关键。

情感美——情感是教学艺术魅力形成的关键因素,没有强烈的情感,不可能把课说得成功。

板书美——板书是教师的备课中构思的艺术结晶,它以独特的魅力,给学生以美的熏陶。

教态美——教态是沟通师生情感的桥梁,教态美可以唤起学生对美的追求。

(二)说课要抓住"课",突出"说"

要用一节课1/4~1/3的时间说出一节教学环节齐全的课,必须经历完整课堂教学的各个环节。对常规课课型来说,要经历"铺垫—新授课—举例—巩固—质疑—小结—练习"等过程,对采用目标教学法的课程来说,要经历"目标呈现—揭题展示—反馈矫正—课堂练习"等过程。因此,说课者要根据课型抓住这节课的基本环节去"说",说思路、说方法、说过程、说结构、说内容、说训练、说学生。无论说什么,都要说得有理有据,使听者叫好,达到"听君一席话,胜读十年书"的目的。

在说课过程中,要特别注意以下几点:

说课不等于备课,教师千万不能照教案去说。

说课不等于讲课,教师不能视听课对象为学生去说。

说课不等于背死课,教师不应将事先准备好的"说案"一字不漏地死背下去。

说课不等于读课,教师不能拿着事先写好的材料去读。因此,教师在说课时,要紧紧围绕一个"课"字,突出"说课"的特点,完成说的过程。

具体而言,好的说课,要掌握以下要领:

1.遵循"课"路,选准"说"法

教学思路是教师课堂教学思想的具体体现,是教师实施教学过程的基本构想。教师讲课时,要紧紧围绕教学思路进行,教师在说课时,当然也要环环扣住课堂教学思路展开。能否围绕教学思路实施"教"法，能否围绕教学思路展开"说"法，无疑是教师授课和说课成败的关键。诚然，说课的方法很多，需要因人制宜、因材施"说"。说理、说实验、说演变、说现象、说本质、说事实、说规律、正面说、反面说、横向说、纵向说、理论联系实际说等。但无论怎么"说"，都要遵循课堂教学思路这一主线去"说"。

2.变换"说"法，找准"说"点

说课的对象是听众，而不是授课的对象学生。这些听众可能是说课的评委、本学科的教师、本教研室的教师、其他学科的教师及教务科、教育研究部门、教育行政部门的领导。但无论怎样，这些听众都竭力站在学生角度去对待说课者所说的课，去审视教法的采用，教学重难点的突出、突破，教学环节的把握等。因此，说课者必须置于听众思维和学生思维的变化处，站在备课讲课的临界点，变换"说"位，编写"说"案，研究"说"法，找准"说"点。

3.把握"说"度，把课"说"活

说课的重点应放在说清思路、说清教学过程、说清教学方法，而讲课的重点则应放在实施教学过程、完成教学任务、反馈教学信息、提高教学效率。换句话说，说课重理性和思路，讲课重感情和实践。因此，用极有限的时间完成说课，必须详略得当。那么，如何把握"说"度呢？最主要的一点就是因"材"制宜，具体问题具体分析，灵活选取"说"法，把课"说"活。说出该课的特点和特色，把课说得有条有理、有理有法、有法有效，说得生动有趣、绘声绘色，使听众听得清清楚楚、明明白白。使听众都有"词已尽意无穷"的感觉。这就要求说课教师认真钻研说"材"、说"案"，灵活选用"说"法，准确实施"说"程，这样才能把课"说"活。

(三)说课须追求"实"，争取"异"

1.语气得体，内容不失真

听说课的对象是评委、领导等，都是成人，说的语气、称呼要得体。虽然听课者是成年人，但他们会意图站在学生的角度去听说课，去审视说课者的一字一句、一举一动，包括组织过程、参与过程、教法的采用。因此，说课时要真实体现教学设计的理性思路、教学的过程、方法的选择，又要注意说课时的语气、称呼、表情要得体。

2. 说出特点，说出风格

说课的重点应放在实施教学过程、完成教学任务、反馈信息、提高教学效率上。说课要重理性，讲课注重感性和实践，因此，用极有限的时间完成说课内容不容易，必须做到详略得当、简繁适宜、准确把握说度。说得太详太繁，时间不允许，也没必要；说得过略过简，说不出基本内容，听众无法接受。那么，如何把握说度呢？最主要的一点是因地制宜，灵活选择说法，把课说活，说出该课的特色，把课说得条理清晰、法度适宜，说得生动有趣、入情入理；其次是发挥个人的特长，说出个人的风格，这就把握了说课的度。

三、说课要讲求艺术

讲课是一门艺术，说课同样也是一门艺术。小课堂，大世界。一分钟浓缩十年功，功在精华、在效益。从某种意义上来说，说在要求上比讲更高，教师作为说课活动的主体，必须从说准、说精、说实、说深四个角度把握好心智创造和行为创造的艺术，即说课艺术。

(一)思路准

说课的根本着力点是准，即确定正确的目标方向。准是和谐高效课堂的核心。心在哪里，收获就在哪里，方向比速度更重要。不仅要正确地做事，更为重要的是要做正确的事。如果目标方向正确，学习效率就高，获得的课堂效益就越大；如果目标方向完全错误，效益反而会出现负值。

(二)结构精

说课的精，在这里主要是指课堂组织结构整体优化，达到精干、高效。说课重在优化课堂结构。目标明确，还需要建设高效、优化的组织结构来支撑并实施。建设和谐高效的课堂是一个系统工程，说课是说出系统的组织结构如何决定系统的功能。从整体出发，研究课程系统内各要素之间的因果关系，调整组织内部各要素的比例和次序，组织结构的设置承上启下，从而达到信息沟通有效、组织结构整体优化的目的。整体优化是决策的关键步骤。核心能力的生成，传统课堂关心的是知识的传递，而精准课堂关心的是学生的价值和增值。

(三)行动实

行是知之始，知是行之成，如果目标和结构是知，说课的实即指实实在在的实际行动。实际行动是说课的核心。《墨辩》提出三种知识：一是亲知，二是闻知，三是说知。教师要说出亲知是亲身得来，就是从行中得来。落到实处的实是指具体行动和具体行动任务，课堂中的具体行动任务是核心能力形成的驱动。把长远目标与当前任务相结合，在行动任务与工作过程之间建立实际联系，增强预见性、计划性、减少盲目性、随意性，达到事半功倍的效果。

教育乃是人类的自然活动过程，受教育并不是听讲，而是从行动任务的环境中汲取经验。思想理念只是一个导向，要把提高课堂效率的理念转化为实际行动，把理念转化为教师可操作的东西，我们就要为此构建承载理念的载体，那就是构建科学而又实用的行动任务。要根据教学实际，创设必要的情境，给学生提供课内实践的机会，注重学生的亲身体验，让学生在特定的环境中进行实践体验，使他们在活动中感悟道理，体验情感，规范行为。让学生在做中学、在用中学，通过各种任务活动，把知识转化为能力。课堂是动态的过程，无论多少知识，不行动永远没结果，行动就是任务的完成过程。知识转化为能力必须通过行动任务的具体实施，融合知识与能力、过程与方法、情感态度和价值观三个维度，从而实现课堂效益的最大化。

(四)思维深

说课教师的思维深度是说课的灵魂。向课堂要效益，提高教学质量，是教育亟待解决的课题，也是说课的最终目的。课堂效益的载体是课堂，途径是课改，方向是效益，操纵乃教师。思维深，主要是指课堂组织的灵魂人物教师与知识世界、工作世界、课堂世界、学生世界之间的深度沟通，形成一体。思维的深度是催开教育之花，是课上左右逢源、如鱼得水的源源活水。水之积也不厚，负大舟也无力。

　　每位教师都想使自己的教学高效，但为什么有的教师教学效益却不理想呢？问题不仅在于教师的业务知识水平，还在于教师对高效教学的理解不同，缺少提高教学效益具体可行的招法。教师的思维深度和知识的广度，所具备相关的实践经验或应用技能的熟练度，决定了教师驾驭课堂效益的程度，对岗位的理解深，教材的把握深，对学生的了解深，对知识系统的涉猎深，备课、讲课就会有的放矢，对症下药，教师要能从实际出发，教无定法，贵在得法。自己没有的永远给不了学生，台上一分钟，台下十年功。在一分钟里，将精华转化为能力输入到学生的身心中产生行动，需要不断地加强思维的厚度和深度。半径有多大，效益就会有多大。只有广阔的思维才能站得高、看得远，发现教育的本质和规律才能具备融会贯通的能力，才能将知识力量注入到同一门课程中，产生汇聚成河的能力力量，从而传递给学生，才能产生和谐高效的课堂。我们不仅要重视专业知识，还不可忽略相关知识结构体系和丰富的实践工作经验。因此作为教师，以"教人者教己"是根本方法，为学而学，不如为教而学，为教而学必须设身处地，努力使人明白，即要努力使人明白，自己便自然而然地格外明白了。事该怎么做就该怎么学，该怎么学便该怎么教，教而不做不能算教，学而不做不能算学，教与学都以学生作为中心，在做上教的是先生，在做上学的是学生。

　　总之，说课是提高教学质量的关键，教学质量的关键是学生具备就业的职业能力，教师要通过说课的思维过程，寻找教、学、做的真谛。说课是提高课堂教学的效益，是一项综合性工作，只有充分重视课堂教学外的途径、使课内外形成合力，才能提高课堂教学的整体效益，实现课程改革的目标。最终目的是提高教育教学质量和效益，培养适合社会需求的合格人才，如果不讲效益，就失去了教育的意义。

第四节　说课的一般过程

教学过程是说课的重点部分，通过这一过程的分析能看到说课者独具匠心的教学安排，反映教师的教学思想、教学个性与风格。也只有通过对教学过程设计的阐述，才能看到其教学安排是否合理、科学，是否具有艺术性。

教学流程是指教学过程的系统展开，它表现为教学活动推进的时间序列。就是教学活动如何引入、如何展开以及如何结束等。根据学生学习活动的一般过程，教学流程先后顺序一般为导入新课、新课研习、课堂小结、巩固训练等。当然，新课研习包含多个环节在其中，说课时要根据不同类型的学习内容来进一步细化。

阐述教学流程是说课的重点，因为教学内容的处理、教学方法的选择、教学目标的达成等都是通过这个环节来实现的，而且教师的教学理念也必须通过它来体现。那么，如何在说课活动中阐述教学流程呢？

根据学习过程的要求来阐述教学流程内容。学习过程经历了定向、活动、反馈与调控阶段。

定向阶段，要让学习者明确学习内容以及学习目标；

活动阶段，学习者根据学习目标与内容开展相应的学习活动；

反馈与调控阶段，要获取（测量）学生学习效果以及调整学生学习活动等。

因此，阐述教学流程时，必须说明以下主要内容：

(1)教学活动在怎样的情景下开展、怎样体现新课导入和结课的呼应；

(2)怎样呈现相关材料、怎样指导学生开展信息加工、怎样指导学生开展学习内容的整合、怎样指导学生实现知识迁移并使学习内容进一步整合与内化等；

(3)采用怎样的手段来测量或评定学生的学习效果、通过哪些途径收集学生的反馈信息、如何根据学生反馈信息调控学生的学习活动等。

在三维目标的指引下，从教师教和学生学两个方面阐述教与学双边活动的设计。在教师活动的设计方面，包括设计怎样的情景导入新课、如何组织和呈现教学内容、设计和指导开展哪些实验活动、选择哪些教学辅助设备、如何进行讲解、设计怎样的问题或练习供学生使用、如何进行归纳小结以及怎样板书等；在学生活动方面，围绕教师引导、指导，开展哪些有效的学习活动，如阅读什么材料、观察什么实验、完成什么练习、如何进行实验、怎样开展讨论、如何进行自我学习反馈、如何实现知识迁移等。

由于教学是围绕着教学重点来开展的，而教学的关键又在于突破难点。因此在阐述教学流程时，必须就如何突出重点和如何突破难点上多做文章。此外，学习者学习热情和兴趣制约着学习活动的开展和学习效果的高低。所以，教学设计的阐述也要体现如何激发学生的学习热情和兴趣等内容。

一、说课的"六大步"

（一）第一步：说教学理念

新课程标准的核心理念是为了中华民族的复兴，为了每位学生的发展，体现关注学生"整体人"的发展。有人概括为：以学生为本的理念、学生是教学的主题的理念、全面发展的理念、课程与教学整合的理念、科学探究的理念、关注学生体验的理念、交流与合作学习的理念、自主创新的理念。

（二）第二步：说教学内容

主要表现在教材处理上，传统课程观把教学内容过分"唯教材"化。新课程标准提出人本主义课程观，也就是说确定教学内容要体现学生的需要，在处理教学内容时不能完全"忠于教材"，而要把"教学内容"与"教材分析"和"课程开发"紧密联系起来，将文本课程与现代社会和科技发展的实际联系起来，与学生的实际生活联系起来，利用现有课程资源特别是运用学生自身拥有的令他们易于接受、认可、掌握的课程资源，使教学过程成为课程开发、创新、建构的过程，成为挖掘、利用一切课程资源的过程，成为师生充分展示其创造性、生命力和价值存在的过程。说教学内容的最终体现就是教材研发、课程开发和多种课程资源的利用。

（三）第三步：说教学程序设计

体现教学知识发展的规律，体现教学环节内容的科学、新颖及彼此之间的无缝衔接，这是说课的中心内容。采用的技巧是说课的亮点，要符合学生实际、符合教学行为，体现学习方式的转变，体现教学细节。同时还要注意生成性教学策略的应用。

（四）第四步：说教法选择

新课堂教学方法呈现两个特点：一是情感化；二是技术化。教师对于课堂教学方法的选择和运用，最关键的是它的有效性，体现学生的主体作用和教师的主导作用，变"教"为"学"，服务从"强制学生适合教学"转变为"创设适合学生的教学"，要善于发挥教师的指导、促进、信息源作用，帮助学生理解和探索。

（五）第五步：说学法指导

学生是教学的主体，有针对性的学法指导取决于对学情的分析。主要有对学生学习态度的分析，对学生知识、技能、能力的分析，对学生学习过程中出现的困难、问题的分析等。

（六）第六步：说媒体手段

根据新课程标准的要求，现代信息技术成为现代教学理念下的教学新手段。如何发挥传统媒体手段的作用及计算机媒体辅助教学，从而高效率地完成教学任务，也是说课内容之一。

二、对说课过程的一般要求

（一）要表述流畅，条理清楚

备好课是说好课的前提，在说课前若对教案烂熟于心，并有翔实熟练的说课稿作为依托，才能在说课中做到条理清晰、流畅用语、准确规范、说理简明。对授课以及说课对象的了解是说课者语言具有针对性、情感性、激励性、启发性、应变性、流畅性、条理性的基本前提。

（二）要有一定的理论水平

说课中理论含量越大，说课才能更有价值。不论什么专业的学生，夯实的专业知识，时刻关注教学动态，认真钻研教育学、心理学、教学论等方面的理论，才能使自己的说课深入浅出，有理有据；更要经过分析、综合归纳概括讲课中未曾想清楚的教学方法、策略模式、原则等由朦胧隐约趋向明显清晰，从而在领悟到的新理论指导之下实现教学的理性。

（三）要展示个性和创新

讲课其实是一个自由奔放的教学艺术与个人魅力展示的大舞台。由于每个人的学识修养气质不同，因而教学的风格与艺术各异。说课也一样，既不能照本宣科，也不能照葫芦画瓢地搬用别人的说课稿，需要我们在说课中展现自己的才华与特长。说课中就是要把我们在教学活动中独特的心智活动和富有创新意义的教学理念、教学方法等亮点彰显给指导教师和听众，使听者有所启示和收益或做出利于我们改正和提高的评价。

（四）要符合教学的实际

说课是对教学在实践基础上的理性思考和初步研究，可以进一步指导今后的教学思路、过程方法和技巧。故不得过度拔高，说得天花乱坠，严重脱离教学、学生、学校和社会的实际，这会使听者要么热火朝天，要么一头雾水，却在教学的实践中终难操作和实现。说课中所有的教学设想都必须严格贯彻可操作性原则。

三、说课过程的"六大技巧"

说课，总体而言，要把握"深"、"实"、"清"、"精"、"亲"、"明"六大技巧。

（一）"深"——理论

理论依据从哪里找？一是课标中的指导思想、教学原则、教学要求等，这是指导我们确定教学目标、重点、难点、教学结构以及教法、学法的理论依据；二是教参中的编排说明、具体要求等，这是指导我们把握教材前后联系和确定具体教学目标、重点、难点的理论依据；三是教育学、心理学中的许多教学原则、原理、要求和方法等，这是作为确定教法、学法的理论依据。任何一门学科，都构成了一个相对完整的学科知识体系。每节课的内容都是这个体系中的一个"小分支"。就语文学科而言，它要求教师在说课前就一节内容出发追本溯源，找到它在教材中的位置，看看本节课所在单元及所在课文的要求，然后顺藤摸瓜，确定课标对这节课的要求。至此，这节课的教学目的、重点难点就可随之确定了。反之，脱离课标的说课就是无本之木、无源之水，会给人一种虚无缥缈的感觉。

(二)"实"——方法

这个方法既包括教师实施教学目标的教法，又包括学生在这节课上要掌握的学法。只有教法得当，教师才能有条不紊地施教；只有学法合适，学生也才会兴趣盎然地学。说课要从教材的实际出发，从学生的实际出发，遵循学生掌握知识过程"由浅入深，循序渐进，由感性到理性"的认识规律，依据"主体参与，分层优化，及时反馈，激励评价"的原则、理论联系实际的原则以及传授知识和发展能力相结合等教学原则来确定教法、教学手段和学法。总之，"教学有法而无定法，贵在得法"，教师必须找准切入点，采取切实可行的教学方法，从而实现教学所要达到的目的。

(三)"清"——程序

说课不同于授课，面对的是与说课者水平相当的教师，因此说课堂教学程序时无须将教案全搬出来，而要做到简明扼要、条理清晰。

一要说出课堂教学的整体思路和环节。

二要说出处理教材、教法和学生实际之间联系的方法。

三要说出对每个环节、每个层次、每个步骤的设想和安排及其安排的依据。

四要说出教学中突出重点、突破难点、抓好关键点的方法和理由。

五要说出习题设计和板书及设计的意图、目的和理论依据。

(四)"精"——语言

说课的时间不宜太长，也不宜太短，通常可以安排一节课的 1/3—1/4 的时间。

必须用简洁、清晰的语言把备课中的隐性思维过程及其理论根据述说出来,使这些隐性的东西外现。要体现出执教者的教学思想、教学意图和理论依据,即思维内核。要使听课者首先从表象上感受到说课者对说好课的自信和能力,从而感染听者,引听者的共鸣。说课的语言表达应十分简练干脆,避免拘谨,力求有声有色、灵活多变,前后整体要连贯紧凑,过渡要流畅自然。

(五)"亲"——教态

亲切、自然、大方。说课不是备课,不能按教案来说课。说课不是讲课,教师不能把听"说课"的领导和老师视为学生。说课要突出"说"字。既不能按教案一字不差地背下来,也不能按说课稿一字不差地读下来。一节成功的说课,一定是按自己的教学设计思路,有重点、有层次、有理有据地述说。

(六)"明"——个性

注意发挥教师自身的教学个性和创新精神,防止生搬硬套他人的模式。注意运用教育理论来分析研究问题,防止就事论事,使说课处于初级层次的低水平。但又应注意避免过分表现理论依据,而脱离教材、学生、教师的实际去空谈理论。

四、说课的评价与反思

(一)说课的评价

衡量说课的好差,应将常规教学的合理成分与素质教育的理论结合起来去衡量。教学是门科学,千百年来优秀的教学思想都是当今素质教育应包容的。教学论、认知论、信息论、系统论等思想应合理地体现在课堂教学之中。具体地说:

1. 优化教学目标

(1)制订目标要全面(认知目标、能力目标、情感目标)。全面把握基础知识、学科能力、德育渗透。

(2)制订目标要适当。要符合教学大纲要求,符合学生实际,要有"识记、理解、运用"等层次要求，不要随意提高或降低。

(3)制订目标要具体。要将大纲中的总体性、综合性目标分解成本节课的具体的目标。只有具体了，才能使教师可操作、可检测。

(4)制订目标要明确。教学目标的表达要准确、简明。

(5)教学重点、难点确定得当。重点应突出，难点要突破。

2.优化教学过程

(1)创设良好的教学起始情境。表现在以下几点：导课的衔接性、导课的启迪性、导课的含蓄性、导课的生动性、导课的创新性等。

(2)符合认知规律。教学过程应体现出由表及里、由浅入深、由个别到一般、由感性到理性的一般认知规律。

(3)体现师生双边活动。教与学是民主、合作、互动的关系。能否调动学生学的积极性、主动性，能否体现学生的主体参与是衡量说课的主要标准，尤其是以思维为主的智力参与程度。

(4)教学时间安排是否恰当。

(5)教学有法、得法，力求新颖、灵活、实用、有效。

(6)善于发掘德育渗透点。

3.优化智能训练及反馈

构建"输出——反馈——调节——再输出"的教学信息传递系统。

4.优化教学手段

(1)板书设计合理、层次清楚、重点突出。

(2)语言洗练、流畅。

(3)媒体运用得当、有序，互补性、简捷性好，有助于解决教学的重、难点。

(二)说课的反思

说课活动中，如何进行反思呢？这是一个值得深入探究的问题。一般说来，教学反思就是教师以研究者的心态或视角，审视自己教学实践的过程。它包括两个方面：教师对教学中的缺点和错误进行反省与批判；对教学中的优点和长处的肯定和坚持。所以说课时说教学反思，无非是剖析自己在教材分析、学生分析，特别是教学设计等方面有哪些可取之处以及存在的不足之处。具体包括：

1. 教学预设中的成功之处。例如，对教材分析和学生分析有哪些独到之处；根据学生学习情况，准备了哪些调控措施；怎样有效地激发学生学习兴趣；如何落实对学生学习结果的反馈与监控；在课程资源开发中有哪些过人之处等。

2. 教学预设中尚存在的不足或难以把握之处。具体包括：对教学目标的定位特别是隐性目标（如过程与方法、情感态度与价值观等）存在哪些困惑；学情分析还有哪些难以把握的地方；教学设计中设计的活动哪些可能无法达到预期的效果等。

案例1-4 《氧化还原反应》说课中的反思

本节课教学，始于有关铁的腐蚀防护和应用，而终于涉及该问题的解决，较好地实现了新课导入和教学终结的呼应，体现了"基于问题解决"的教学模式，并最终实现了对初中化学知识的提升。教学时，无法对铁的冶炼反应归类的事实，必将打破学生原有的认知平衡。在此基础上，引导学生从新的视角分析、看待化学反应，有利于他们学习兴趣的激发。而对氧化还原反应概念的教学，从具体的化学反应入手，让学生感知不同反应中元素价态变化的差异，进而引导学生根据价态变化对化学反应进行分类，并归纳提炼出氧化还原反应的概念，然后安排练习进行训练，了解学生掌握情况。这样教学，符合"感知—辨认—概括—定义—迁移应用"的概念学习模式。此外，关于氧化还原反应的应用，并不是通过教师的讲授来实现的，而是让学生在问题解决中感悟、体验。

当然，在本课设计中，有些问题还有值得思考的必要。比如，由于学生微观知识储备不够,通过阅读教材来认识氧化还原反应的本质,这样的任务能否顺利达成;对于反应中氧化反应与还原反应之间的对立统一关系,仅仅通过"迁移应用"中的一个问题,是不是就可以合理建立等。如果这些教学目标无法顺利实现,在教学过程中还要做哪些知识铺垫? 这都是值得研究的。

案例1-5　实践型说课反思的例子

"我家有个小院子。院子里种着许多花草树木,一年四季都有迷人的景色。初春,迎春花开出金灿灿的小黄花,最先迎来了春天,月季花像一张张笑得合不拢嘴的小脸。地上长着厚厚的苔藓,像铺上一层绿色的地毯。盛夏,茉莉花散发着阵阵清香。海棠开着耀眼的红花。葡萄架上的绿叶,一片挨着一片,密密层层。站在葡萄架下,抬头可见一串串快要成熟的葡萄像珍珠似的挂满了藤架。深秋,枯黄的树叶像飞舞的黄蝶从树上一片片飘落下来。可是,万年青的叶子仍旧碧绿碧绿的,显得格外精神。一盆盆菊花正开得茂盛。隆冬,鹅毛般的大雪纷纷扬扬,给万物披上了银装。那些娇惯的花草都住进了温暖的屋子,腊梅花却昂首挺胸,迎着风雪,无所畏惧。"

说课问题:

1. 本课的教学目标如何确定,如何落实这些目标?

2. 本单元的重点训练是读懂长句子。请你说说如何教学文中画线的两个长句子。

3. 请你写出本课的板书设计,并说说你设计的思路。

案例1-6　理论型说课反思的例子

案例学法迁移是我们教学中经常运用的一种方法,请你结合自己的教学实践,举例说如何在课堂教学中利用正迁移,克服负迁移,提高教学效率。

案例新课导入的好坏直接影响着课堂教学的效率。请你结合自己任教的学科，举一个成功的例子和失败的例子，分别说说。

案例要把素质教育落实到课堂。在教学关系上，必须突出学生的主体地位，即学生自身发展的主体，其自主性、能动性和创造性应当充分受到尊重，给予其展现的机会。请你结合自己的实践，谈谈体会。

案例要把素质教育落实到课堂。在教学方法上，必须体现教与学的交融，重视教法与学法的相互转化。教师的教是教学生去学，教是为学服务的，教是为了"不教"。在具体操作中，要重视课堂训练，通过语言文字训练来培养学生的能力，提高课堂教学的效率。请你结合自己的实践，谈谈体会。

五、说课过程中的误区

(一)说课等同复述教案

说课稿与教案有一定的联系，但又有明显的区别。说课稿是在个人钻研教材的基础上写成的，说课稿不宜过长，时间应控制在10~15分钟之内为宜；教案只说"怎样教"，而说课稿重点说清"为什么要这样教"。教案是教师备课这个复杂思维过程的总结，多是教学具体过程的罗列，是教师备课结果的记录，是教师进行课堂教学的操作性方案。它重在设定教师在教学中的具体内容和行为，即体现了"教什么"、"怎么教"。说课稿侧重于有针对性的理论指导的阐述，它虽也包括教案中的精华部分，但更重要的是要体现出执教者的教学思想、教学意图和理论依据，即思维内核。简单地说，说课稿不仅要精确地说出"教"与"学"的内容，而且更重要的是要从理论和实践的结合上具体阐述"我为什么要这样教"。教案是平面的、单向的，而说课是立体的、多维的。说课稿是教案的深化、扩展与完善。

(二)说课等同再现上课过程

有些教师在说课过程中一直口若悬河、激动万分地给听者"上课",讲解知识难点、分析教材、演示教具、介绍板书等,把讲给学生的东西照搬不误地拿来讲给下面就座的各位评委、同行们听。其实,如果他们准备的内容和课程安排面对的是学生,可能会是一节很成功的示范课。但说课绝不是上课,二者在对象、要求、评价标准以及场合氛围上具有实质性的差别,不能同等对待。说课是"说"教师的教学思路轨迹,"说"教学方案是如何设计出来的,"说"设计的优胜之处在哪里,设计的依据是什么,预定要达到怎样的教学目标,这好比一项工程的可行性报告,而不是施工工程的本身。

另外,要注意课前说课与课后说课的不同。课前说课应是上课的预演,课后说课则是课后反思总结,所以用语应注意区分,如"在教学中我准备采取什么方法"和"我在教学中采取了什么样的教学方法"分别用于课前说课与课后说课,不能混淆。

(三)说教学方法太笼统,说学习方法有失规范

"教学设计和学法指导"是说课过程中不可缺少的一个环节,有些教师在介绍这些环节中一言以蔽之:我运用了启发式、直观式等教学法,学生运用自主探究法、合作讨论法等。至于教师如何启发学生、怎样操作,却不见了下文。甚至有的教师把"学法指导"误解为解答学生疑问、学生习惯养成、简单的技能训练等。

(四)说课过程没有任何的辅助材料和手段

有的教师在说课过程中,既无说课文字稿,也没有运用任何的辅助手段。有的教师明明说自己动手设计了多媒体课件来辅助教学,但在说课过程中,始终不见庐山真面目,让听者不禁怀疑其真实性。所以,说课教师在说课过程中可以运用一定

的辅助手段，如多媒体课件的制作、实物投影仪、说课文字稿等，以便在有限的时间里使自己得到更充分的展示。

案例1—7　《圆明园的毁灭》说课稿

一、教材分析

(一)教学内容

今天，很高兴和大家共同探讨《圆明园的毁灭》一课的教学设计。《圆明园的毁灭》一课是人教版小语第八册教材第六单元的开篇之作。这篇精读课文描述了圆明园昔日辉煌的景观和惨遭侵略者肆意践踏而毁灭的景象，表达了作者对祖国灿烂文化的无限热爱，对侵略者野蛮行径的无比仇恨，激发人们不忘国耻、振兴中华的责任感和使命感。

(二)教学目标

依据《新课标》和对教材的理解，结合学生的实际水平，从知识和能力、过程和方法、情感德育价值观三个维度，我将本课的教学目标确定为以下几点：

1.知识目标：能抓住重点词句透过内容体会文章思想感情，并学会这种阅读方法。

2.能力目标：以悟促读，提高朗读能力；以悟促诵，背诵重点段落，积累语言。

3.情感目标：了解圆明园辉煌的过去和毁灭的经过，激发热爱祖国文化、仇恨侵略者的情感。

4.德育目标：教学中渗透近现代史教育和爱国主义教育。

(三)教学重点

我们知道，精读课文的教学过程是在教师的指导下，学生自己阅读、感悟的过程,为此,我将本课的重点设为:引导学生自主读文、感悟、想象,了解圆明园昔日的辉煌和被毁灭的经过。

(四)教学难点

通过文字的理解,想象圆明园昔日的辉煌。这既是本课难点,又是引导学生进行自主阅读的突破口,采用多种策略,充分挖掘渲染语言文字感染力,拨动学生情弦。

(五)教材处理

本课安排两课时,本堂课是第二课时,课上以学生阅读讨论、感悟为主,教师引导为辅,充分运用多媒体直观教学,把信息技术与学科教学有机整合起来,把课内课外结合起来,帮助学生完成重、难点突破。

二、教学手段

1.充分利用多媒体课件,把学生带入创设的情境中。

2.播放影片《火烧圆明园》的片段,直观感受侵略者的残暴和野蛮。

3.利用图片与课件,今昔圆明园的对比,让学生领悟到圆明园的毁灭是祖国乃至世界文化史上不可估量的损失。

三、教法与学法

《新课标》在《教学中要重视的问题》里指出:"教学过程应突出学生的实践活动,指导学生主动地获取知识,科学地训练,全面提高语文能力。"据此本课拟以启发式和讨论方法教学。根据本课的目标内容和学生的知识水平,教师应用各种教学手段调动学生的主动性,让学生自己提问,相互交流,相互启发,相互争议,激发他们主动地获取知识,培养健康情感。《教学中要重视的问题》还指出:"语文教学中要重视积累、感悟、熏陶和培养语感。"而本文中圆明园的辉煌已成为历史的记载，只有通过学生的反复读文、感悟、想象，在脑海中再现它昔日的景观，故又拟以诵读法教学，让学生在反复朗读中理解词句，实现知识的意义建构，在感性材料基础上，启发学生与作者的感情同频共振。利用多媒体教学，实施探究性学习的教学模式，同时融入情境教学法。

四、教学过程

请跟我一起走进教学过程，进行策略分析。在这里将呈现我的教学方法和学法指导。

（一）揭示课题，引入新课

因本堂课是第二课时，学生对课文内容已有了大致的了解，故引入课题开门见山。

（二）质疑问难，自主学习

苏霍姆林斯基说："人的内心有一种根深蒂固的需要，总感到自己是一个发现者、研究者、探寻者。在儿童的精神世界中，这种需要特别强烈。"因此，我在引入新课之后，就质疑问难："通过上节课的学习，你还有哪些没读懂的问题，请抽出来。"再让学生带着这些问题分组学习，进行多形式读，整体感知，选择2、3、4自然段中你最喜欢的段落，用自己喜欢的方式阅读，再让学生交流体会：看看从自己喜欢的那一段里体会到了什么？这既体现了自主合作的学习模式，又让学生直接接触课文中的语言材料，通过读、思、勾、画等多种方式，抓住重点，整体把握作者的行文思路。这既培养了学生快速捕捉语言文字信息的能力，又培养了学生主动学习的意识，形成让学生自主发现问题、研究问题、探索知识、主动质疑的习惯。

(三)品读交流,协作提高

建构主义学习理论认为:"情景、协作、绘画、意义建构是学习环境中的四大要素,而情景和协作对学习成功至关重要。"今天,教科书不应该,而且越来越不可能成为唯一的课程资源。为此我们充分利用图片,向学生展示圆明园"众星拱月"的布局,在学生形象地理解了文字难词之后,再让他们回到课文中,理解体会圆明园风格各异的景观。为了突出这些景观各自的特点,让学生练习朗读,使他们在读中学习表达,有效地培养学生的语感。在学生对语言材料理解的基础上,再映出这些风格各异的建筑图片,配上教师极富感染力的解说,使课文内容具体化、生动化、形象化,让学生充分体会到"皇家园林"的辉煌。相信此时此刻的学生已完全置于人间仙景般的世外桃源之中,然后让学生把自己最感兴趣的景观通过想象具体表达出来。这既培养了学生的想象力,又培养了学生的语言表达能力。在充分认识和理解昔日圆明园的布局和景观之后,教师再引导学生带着这样的疑问"为什么说圆明园是当时世界上最大的博物馆、艺术馆?"去研读、学习课文第四自然段,让学生通过默读画出关键词"青铜礼器、名人字画、奇珍异宝"来说明圆明园的文物多,从而激起学生对祖国灿烂文化的无限热爱之情。在此基础上,抓住学生的激情让他们谈感受:"作为中国人,你感受最深的是什么?"这就充分体现了自主探究式的学习模式。就在学生激情高涨的时刻,教师话锋一转,引入课文第五自然段,让学生通过"掠、毁、烧"等词体会侵略者的残暴。就是这样的一座园林艺术的瑰宝、建筑艺术的精华,在侵略者肆意的掠夺、毁坏、烧毁之下,变成了一片残垣断壁,通过影片《火烧圆明园》片段,让学生穿越时空的隧道,亲眼目睹圆明园是如何变成

一片废墟的真切画面,从而激发起他们对侵略者的野蛮行径、对清政府无能的无限

憎恨之情。此时此刻回到课文第一自然段,让学生深切领会到圆明园的毁灭是祖国

文化史上乃至世界文化史上不可估量的损失。可以想象此刻的课堂,学生的情绪会

是多么高涨,在这样的氛围中,教师进行激情升华,激励学生"勿忘国耻,振兴中华"。

(四)实践延伸,培养能力

《新课标》指出,语文教师要有强烈的资源意识,多方面提高学生的能力。教师

课前让学生阅读课外书籍,收集资料,了解从先秦时代到唐宋元明清所经历的时间

及圆明园大大小小景点的数量。这样的设计,既遵循了母语学习的特点和规律,又

沟通了课内外,有利于培养学生的实践能力,使语文学习充满了生机和活力。

五、板书设计

最后,介绍板书设计。

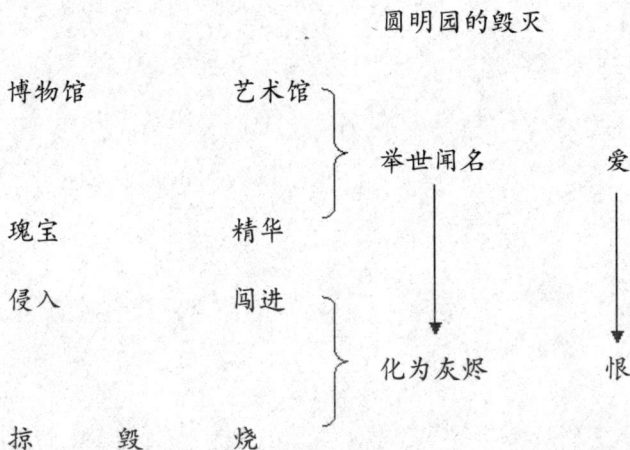

圆明园的毁灭

博物馆　　　艺术馆

　　　　　　　　　　举世闻名　　　爱

瑰宝　　　　精华

侵入　　　　闯进

　　　　　　　　　　化为灰烬　　　恨

掠　　毁　　烧

这样的设计,既表现了圆明园是园林艺术的瑰宝、建筑艺术的精华,又再现了

侵略者如何把它化为灰烬的变化,也体现了学生由爱到恨的情感变化。总之,本方

案的设计力求着眼于学生的主动发展,致力于运用现代技术优化课堂教学的研究,

淡化学科边缘,培养学生的自主阅读、理解、感悟的能力,提高语文素养。但是,设想付诸实施,还需要我们大家的共同努力。

第二章 说教材的艺术

"教什么"和"怎么教"是一线教师面临的最核心的教学问题。"教什么"乍看简单，实则关键，是如何把握教材的问题。在教学研究中，老师们往往是重视了对教法的研究，忽视了对教学内容的研究，可实际上把握教材、研究教材是教改永恒的主题。教师最怕的就是对教材不熟，把握教材是重要的教学基本功。

把握教材不仅是指理解教材中的每个知识点，更是对教材的整体把握。要求教师熟悉本学科的课程标准，了解教材编者的意图，清楚整个学段教材的逻辑线索，能够把前后相关的知识整合起来。只有把整个学段的知识纵向、横向并联起来，进行教材整合，才能在头脑中形成一个完整的知识图式／体系。拥有这个知识图式／体系，有利于教师成为一个教学专家，在教学中不管从哪个知识点切入，都能把各种知识连接起来。一些特级教师之所以能随心所欲地驾驭教材，就在于他们达到了这个层次，已经对教材烂熟于胸。

因此无论是研讨性说课、示范性说课，还是评价性说课，亦或是检查性说课，一个关键环节便是说教材。可以说，能很好地说教材为教师奠定了成功授课的基础，是教师良好地完成说课的一个必要条件。

第一节 说教材的内涵

教材是实施课堂教学的最基本依据，也是说课的基本依据。对教材的整体了解和局部把握是上好课也是说好课的一个重要方面，说课质量的高低，取决于对教材分析的深广程度。对教材的分析，重在挖掘教材的知识价值、能力价值和思想价值。教材的知识价值，是由这部分知识在整个学科体系中所占的地位所决定。教材的能力价值，是指知识本身所含有的对人的能力发展有促进作用的因素，知识的能力价值有隐蔽性，它凝聚在知识中，因而即使掌握了知识，也不一定就发挥了知识的能力价值。知识的能力价值没有一定的范围，不像知识本身那样有一定的内涵和外延，但知识的能力价值却是可以发现的，它有自己独特的结构，同一知识，不同结构，能力价值也不同，优化知识结构，实际上是突出某一方面的能力。教材中隐含的思想教育价值，主要在教学中通过知识传授及学科的发展史等对学生进行恰如其分的辩证唯物主义观点和方法的教育，以及通过观察、实践，培养学生的实事求是的科学态度，树立实践是检验真理的依据等。

说教材，顾名思义，是指我们依据课程标准的要求，把对教材的分析理解、处理把握的过程，利用现代教学手段，借助"知识树"（知识框架图、表等）以口头表述的方式呈现并展示出来的过程。说教材既有内容上的要求，也有形式上的规定，是内容与形式的有机统一。

说教材是教师展示对教材把握程度的一种模式，是教师自身对教材把握的一种历练。要求教师把握整个学段的教材，对照新课标认真研读，在理解的基础上理出"知识树"，写出教材分析。写教材分析时要整合教材，不管教哪个年级的，都要了解整个学段的课程标准，了解教材的编写意图，明确教材的知识点，并弄清楚哪些知识点可以并联起来，教材蕴含的能力体系和价值体系是什么。从知识体系、能力体系和价值体系三个层面来把握教材。

每个学段的教师，不管是教哪个年级的，都要把本学科的整个学段的教材拿到手，对照新课标认真地研读，在理解的基础上画出"知识树"，并在学期初写出教材分析，而不是周备课。这项工作可能不是一遍就能完全把握的，要反复讨论，"煮"

教材，煮熟煮透，要真正理清教材的三大体系并熟能成诵。

我们在教学工作中存在的一些偏差，即忽视对文本的把握，离开文本去单纯讲求教学方法改革，只有对教材进行了全面细致的解读和把握，才能游刃有余地进行教学，哪怕教学方法不是那么华丽，那么有创造性，也要做好教学的保底工作。具体而言，"说教材"包括以下五个方面：

一、说课程标准的要求

即课程标准对本学段的基本要求是什么，要求教师能说清楚新课标对本学科课程性质的基本要求（包括质的要求、量的要求及如何落实）。

现在课本一标多本，教师一定要有课标意识，不能离开课标说教材，因为教材是根据课程标准编写的，教材是多样的，有地方教材，有校本教材，内容有所差异，风格多元化。但是标准在一段时间内是不变的，教学的主要依据是课标而不是某一具体的课本。

二、说教材的编写意图

即阐述教材的编写意图和体例是什么。本教材是如何体现课程标准的？本教材是希望学生了解什么？理解什么？知道什么？掌握什么？包括知识结构、专题结构、板块结构、区域结构是如何划分和架构的。

虽然每个学段和学科，全国通用一个课程标准，但每种教材的编写意图和体例是不一样的，老师一定要清楚自己所用教材的编写意图和体例才行。所以在说教材时一定要说清楚自己是用的哪种版本的教材（课本），如果有可能还可以几种版本的课本比较着说，在比较中更能看出同一课标指导下各种版本的不同。

三、说教材内容和结构

不论是说一个学段，还是说一册书、一个单元、一节课，都要说清楚包括哪些知识，这些知识的逻辑结构是什么。还要把一个学段或一册教材的知识内容进行整合。

具体而言，最好采取形象直观的方式去说，要画出"知识树"或知识结构图并加以介绍。特别是本教材所蕴含的知识体系、能力体系和价值体系是什么，三者之间是如何相辅相成的。可以用圆形图的交叠表示三个体系的交叉融合，也可画三棵树，即知识树、能力树、价值树，凸显各自的重点。在这方面，鼓励教师有所创新，拓宽思路，开放想象。

四、说中考高考要求

初中和高中都有中考和高考的任务，都有考试大纲。尽管考试大纲也是根据课程标准编写的，但毕竟对于重点、难点、考点的要求更具体和明确，所以初中和高中的老师还要认真研究考试大纲，清楚在中考和高考中到底考什么。

五、说教学建议

教师要给出一个较为完整的设想，即宏观上，如果从初始年级教到毕业年级，打算如何处理整套教材的教学，或者中观层面，如何处理某一册书在一个学段的教学中的分量，甚至微观到一节课，每一部分知识都要谈自己的教学设想和建议，教师都要能够指出适宜的教学理念与教学策略，能够提出教学过程中对教材处理的合理化建议，力求做到高效教学。

不论是说全套教材，还是一个学段或是一个单元、一册书，只有说清了以上五个方面，才算是比较全面地掌握了教材。

第二节　说教材的理论依据

说教材的理论根据是说课最突出的特点，也是说课之所以能促使教师钻研教学理论、提高理论素养的一个重要原因。理论依据通常有这样四类：

一是课程标准（大纲），健康、语言、社会、科学、艺术等领域的特点、规律；

二是教育的基础理论；

三是教育教学专家的观点、言论；

四是一切已被社会认可或已形成共识的事实、公理、规律、法则、习惯、行为等。

无论是哪个学科、哪个学段、哪种教材，虽然在具体的理论依据方面有所差异，但是宏观上都要遵循教育的基本规律和原则。

一、教育理论与实践相结合

教师在教学过程中，始终要遵循的一个原则就是理论与实践相结合，这也是教育的基本规律之一。说教材的一个重要理论依据就是这条教育的基本规律。教材是教育理论与实践相结合的一个载体和介质。教育者在说教材的环节中，实际上是把抽象的教育理念和具体的教学实践糅合的过程。其中既能体现教育理论的指导性和前设性，也能彰显教学实践的根基性和经验性。

二、遵循学生身心发展规律

个体在不同的年龄阶段表现出身心发展不同的总体特征及主要矛盾，面临着不同的发展任务，这就是身心发展的阶段性。前后相邻的阶段是有规律地更替的，在一段时期内，发展主要表现为数量的变化，经过一段时间，发展由量变到质变，从而发展水平达到一个新的阶段。每个学段的学生有其阶段性的身心发展特征。比如小学生的注意力不稳定、不持久，且常与兴趣密切相关。其记忆最初仍以无意识记、具体形象识记和机械识记为主。低年级的小学生的想象具有模仿、简单再现和直观、具体的特点，到中高年级，他们对具体形象的依赖性会越来越小，创造想象开始发展起来。小学生的思维从以具体形象思维为主要形式逐步向以抽象逻辑思维为主要形式过渡，但他们的抽象逻辑思维在很大程度上仍是直接与感性经验相联系的，具有很大成分的具体形象性。低年级小学生虽已能初步控制自己的情感，但还常有不稳定的现象。到了小学高年级，他们的情感更为稳定，自我尊重、希望获得他人尊重的需要日益强烈，道德情感也初步发展起来。

基于小学生不同阶段的认知、情感发展的特点有所差别，那么教师在说教材的时候就要考虑到其注意力、理解力、想象力水平对于教学设计的影响。

案例2-1 一年级语文《比尾巴》说课稿[1]

我说课的题目是人教版小学语文一年级上册《比尾巴》第二课时。根据教材内容我抓住了两条主线。

趣：本课用三问三答的形式，语言朗朗上口、极富儿童情趣。一年级学生又刚学完拼音不久，识字、课文朗读都只是初步，这样的文章刚好适合他们阅读。由于还处在幼儿园和小学的过渡期，孩子较好动，注意力容易分散，理解力还不足，可他们想象力丰富，有着自己的童话世界，抓住这一点我决定抛开成人的眼光，俯下身倾听孩子的心声，以"趣"为主线，用故事串联全文，让他们扮演裁判的角色参与到故事中，与文本融为一体，同嬉戏，共呼吸。同时我结合孩子喜闻乐见的比赛、游戏等多种形式活动去设计课堂，让这节课充满童趣，让孩子在快乐中感受语言带给人的美好感受。

情：这是一首充满人文气息的儿歌，里面介绍了六种动物尾巴的特点，能激起学生朗读的欲望，还能引起学生观察其他动物尾巴的兴趣。孩子的心是细腻的，情感是丰富的，在孩子的眼中，小动物是他们最亲近的朋友。抓住这人文情怀，我设计多种情境，让孩子去帮助不识字的小猴，让孩子到动物身边去体验，环环相扣，不断提升孩子的人文素养。

而与小学阶段不同，整个中学阶段，青少年的思维能力迅速地得到发展，他们的抽象逻辑思维处于优势地位。但是初中生和高中生思维还是有所不同的。初中生

---

[1] 田晓华．人教版小学语文一年级上册《比尾巴》说课稿[EB/OL].http://www.wyrj.com/teacher/shuoke/yuwen1/55338.html，2010.11.18.

抽象逻辑思维虽然开始占优势，可是很大程度上还属于经验型，他们的逻辑思维需要感性经验的直接支持。而高中生的抽象逻辑思维属于理论型，已经能够用理论作指导来综合各种事实材料，不断扩大自己的知识领域。

案例2-2　五年级数学《用方程解决加减问题》说课稿[1]

1.教材内容

今天我说课的内容是人教版新课标教材五年级上册60页，内容是——列方程解决加减问题。

2.教材分析

在学生已经认识了字母表示数的意义作用，并初步了解了方程的意义和等式的基本性质，并能运用它解简易方程，在此基础上安排了这部分内容。这一课时是对前期知识的进一步深化，也是列方程、解方程内容的深化，更是为后面学习列方程解决稍复杂的方程的前提。由此可见，这个内容是本单元的一个重点。

3.教学目标

本学段有这样几个具体目标：

(1) 在具体情境中会用字母表示数。

(2) 结合简单的实际情境，了解等量关系。

(3) 了解方程的作用，能用方程表示简单情境中的等量关系。

(4) 能解简单的方程。我为本课设计了这样三个教学目标：

①认知目标：通过分析数量关系，自主探究，初步掌握列方程解决问题的一般步骤和方法。

②学能目标：通过算术和方程方法的比较，体会方程的优越性，培养了灵活选择算法的意识和能力，会列形如$x \pm b = c$的方程，并会正确地解答。

---

[1]　杜婧．人教版新课标教材五年级上册《用方程解决加减问题》说课稿[EB/OL].http://www.wyrj.com/teacher/shuoke/xshuxue/41450/, 2010.11.18.

③情感目标：感受数学与现实生活的联系，培养学生的数学应用意识，培养学生初步的代数思想和良好的学习习惯。

案例2-3　高一数学《等差数列》说课稿[1]

1.教材分析

数列是高中数学重要内容之一，它不仅有着广泛的实际应用，而且起着承前启后的作用。一方面，数列作为一种特殊的函数与函数思想密不可分；另一方面，学习数列也为进一步学习数列的极限等内容做好准备。而等差数列是在学生学习了数列的有关概念和给出数列的两种方法——通项公式和递推公式的基础上，对数列的知识进一步深入和拓广。同时等差数列也为今后学习等比数列提供了学习对比的依据。

2.教学目标

根据教学大纲的要求和学生的实际水平，确定了本次课的教学目标：

a.在知识上：理解并掌握等差数列的概念；了解等差数列的通项公式的推导过程及思想；初步引入"数学建模"的思想方法并能运用。

b.在能力上：培养学生观察、分析、归纳、推理的能力；在领会函数与数列关系的前提下，把研究函数的方法迁移来研究数列，培养学生的知识、方法迁移能力；通过阶梯性练习，提高学生分析问题和解决问题的能力。

c.在情感上：通过对等差数列的研究，培养学生主动探索、勇于发现的求知精神；养成细心观察、认真分析、善于总结的良好思维习惯。

3.教学重点和难点

根据教学大纲的要求我确定本节课的教学重点为：

---

[1]　高一数学《等差数列》第一课时说课稿[EB/OL].http://www.wyrj.com/teacher/shuoke/gzshuxue/40862.html, 2010.6.17.

①等差数列的概念。

②等差数列的通项公式的推导过程及应用。

由于学生第一次接触不完全归纳法，对此并不熟悉，因此用不完全归纳法推导等差数列的同项公式是这节课的一个难点。同时，学生对"数学建模"的思想方法较为陌生，因此用数学思想解决实际问题是本节课的另一个难点。

4. 学情分析

对于高一学生，知识经验已较为丰富，他们的智力发展已到了形式运演阶段，具备了较强的抽象思维能力和演绎推理能力，所以我在授课时注重引导、启发、研究和探讨，以符合这类学生的心理发展特点，从而促进思维能力的进一步发展。

另外青少年的情绪情感由心态不平衡向平衡过渡，从两极性明显向稳定性发展。对情感的自我调节和控制能力逐渐提高，逐步带有文饰性、内隐性、曲折性特点。追求独立自主、形成自我意识，开始社会化的成熟，逐步形成定型性格，形成适应成人社会的价值观、道德观。因此初高中的教师说教材的时候也应当根据具体教学对象的身心发展状况调整知识、能力、情感与价值的教学预设。

案例2-4　初中（九年级）语文《祖国啊，我亲爱的祖国》说课稿[1]

《祖国啊，我亲爱的祖国》是人教版九年级下册的一首现代诗，这是个现当代诗歌阅读与欣赏单元，单元学习的重点是理解诗篇所蕴含的思想感情，提高诗歌的阅读欣赏能力。

《祖国啊，我亲爱的祖国》这首诗写于我们伟大的祖国刚刚结束"十年浩劫"的历史时期，诗中选取了生活中极具特征的意象，从不同的角度揭示了"我"与祖国不可分割的血肉联系，倾吐了热爱祖国、献身祖国的强烈愿望，表达了那个时代青年的共同心声。这首诗歌感情真挚，语言节奏由舒缓到急促，由低沉到高亢，适合朗读。

---

[1] 《祖国啊，我亲爱的祖国》说课稿[EB/OL].http://www.wyrj.com/teacher/shuoke/yuwen2/55291.html，2010.10.25.

1.教学目标

根据以上分析及教学大纲的要求,我制订如下教学目标:

(1)反复朗读诗歌,激发学生鉴赏诗歌的兴趣。

(2)理解诗歌中鲜明而又独具特色的意象。

(3)体会诗人对祖国的挚爱之情,激发学生热爱祖国、献身祖国的情感。

在反复朗读的基础上,学生品析诗歌意象的象征意义,准确把握作品的思想感情,培养学生良好的审美情趣,这样的设计正符合新课程理念下的三维目标要求。

2.教学重点

诗歌与音乐有着非常密切的关系,古代的诗是和乐而歌的,语言具有和谐上口、铿锵悦耳的音乐美。《祖国啊,我亲爱的祖国》这首诗先抑后扬,体现出一种由舒缓到急促、由低沉到高亢的语言节奏,很适合诵读。所以在教学中,我就把诵读作为教学的重点。通过诵读帮助学生准确把握作品的思想感情。让学生在诵读中细心体会作者对祖国深挚的感情,把握诗歌的情感历程,培养学生良好的审美情趣。

3.教学难点

《祖国啊,我亲爱的祖国》是一首中华儿女向祖国母亲倾吐爱国深情的当代诗歌。如何让学生正确理解诗中一系列意象所蕴含的深刻含义、理解诗人从迷惘到深思到激昂的情感历程、体会诗人不可遏止的爱成为教学中的难点。

4.说学习者特征

(1)九年级的学生已经能初步赏析诗歌,通过品析语言可以进入诗歌意境,进而体察作者的内心情感。

(2)可以学写小诗。

三、与生产力发展水平相适应

教育作为造就人才、推动社会发展的重要事业,理应受到社会的普遍重视。教育的发展也必须坚持生产力标准，与社会生产力发展水平所提出的人才需求相适应。因此教师在对于教材的筛选、重点篇目的遴选、教学目标的设定、对教学对象的引导目标等方面都要充分考虑到这个方面。

此外，不同地区有自己的省编教材，会根据所在地区的经济、文化等方面发展的特点编教材，因此教师在说教材的时候，也应当注重根据这些因素对教材分析和把握。

四、与主流意识形态和道德规范相一致

简单地说，教师对于教材内容和教学目标以及三维标准的分析和设计要传递正面的、积极的、有益于社会和谐稳定的主流意识和价值观念。注重对学生情感的正确引导。

案例2-5　初中(八年级)思想品德《诚实待人》说课稿[1]

我的说课课题是北师大版思想品德八年级上册第二单元第三课第二站——《诚实待人》。我将围绕"教材分析"、"教法设计"、"学法指导"、"教学程序"、"板书设计"、"教学反思"这六个环节进行说课。

一、教材分析

1. 地位和作用

《思想品德新课程标准》围绕"成长中的我"、"我与他人"、"我与集体、国家和社会"三部分整合内容。强调以学生为本，强调与学生生活经验和社会实践的联系。第二单元讲的是人与人之间的交往问题。学会交往、懂得交往是一个人走向成熟、走向社会的关键。而养成良好的交往品德则是与人交往的最基本的要求。因此,《诚实待人》这站内容十分重要。

---

[1]　北师大版思想品德八年级上册《诚实待人》说课稿[EB/OL].http://www.wyrj.com/teacher/shuoke/pinde/55342.html, 2010.11.18.

2. 教学目标

(1)知识目标：明白诚实做人的基本要求，知道诚信要讲策略；

(2)能力目标：能信守承诺，能实事求是，善于改正错误，能把握诚实的策略；

(3)情感、态度、价值观目标：树立诚实待人的意识，在行动中养成诚实的品德，做到诚实待人。

3. 教学重、难点

(1)教学重点：让学生掌握做一个诚实的人应学会做到哪些方面；

(2)教学难点：①履行承诺的问题；②做诚实的人应讲究策略。

……

以上是从宏观上说理论根据所应遵循的基本规律和原则。除此之外，还有一些具体的说教材的理论依据的要求。

1. 教学大纲是教学的主要依据。

2. 学生的实际应成为教师教学的主要考虑对象。

3. 教材和学科特点也是重要的理论根据之一。

4. 教育理论和名家名言也可作为强有力的理论根据。

一定要避免进入两种说理论依据的误区：

一是理论堆砌不适用。

说课中的说理论根据须注意突出重点、简洁明了、画龙点睛，不要每个教学举措都说理论根据或不管需要不需要，都一概把有关甚至是无多少联系的理论都端出来。例如，教学目的要求制订的根据是"从信息论、控制论的观点出发……"，又根据"教育学、心理学的原理……"，加上"小语大纲的要求……"。

二是理论空洞不管用。

所说的理论还要做到准确、具体、贴切，与教学举措有紧密的内在联系和对得上号的，切忌教条式地照搬，或说空话、大话，言之无物。例如，每一课都用"根据大纲要求、我班学生的实际、自己的教学实践，特制订……"，这种理由只是空架子，没有实际内容，究竟根据大纲的哪一条要求，你班学生的实际是什么，你的教学实践又如何呢？别人不得而知，与其这样说为什么，还不如不说的好。

案例2-6　初中语文《包身工》说课稿[1]

三维教学目标及确定依据

1. 知识与能力目标

了解报告文学的一般特征和结构特征，培养阅读能力和筛选信息的能力。

2. 过程与方法

引导学生把握报告文学所用到的材料，即新闻事实、背景材料、作者的主观评价。并学会据此分析一篇报告文学的主要内容和写作特点。

依据：课标指出，阅读新闻、通讯（包括特写和报告文学）作品，了解其社会功用、体裁特点和构成要素。

3. 情感、态度和价值观目标

本文真实地再现了包身工的苦难生活，包含着对包身工的无限同情，对包身工制度的无比愤慨。使学生介入心灵，感同身受地理解血腥的包身工制度，在悲剧作品的审美之中陶冶心情，锻造人格，净化心灵，达到辨别真善美的目的，实现悲剧作品的情感美。

依据："教学建议"指出，重在指导学生阅读典范性新闻作品，深入把握作者立场、观点，学习其敬业精神和捕捉重大新闻的能力。培养认识历史、认识社会、认识人生的能力，提高历史使命感、社会责任感和明辨是非的能力。

---

[1] 《包身工》说课稿[EB/OL].http://www.wyrj.com/teacher/shuoke/yuwen2/55263.html, 2010.9.29.

第三节 说教材的原则

说教材作为一种常规教研方式，为越来越多的教育教学工作者和老师们所重视和接受。如何使说教材真正成为老师们教学的得力"助手"，也就是说教材的原则有哪些，是每位教师应该明确的问题。说教材分为从整体上说教材和说部分教材。具体而言，有时候是要求对整套教材做概览性的分析，有时候则是要说一册教材、一单元的教材，但对于一线教师而言，更多的时候是要说一个课时的教材。

有以下几条原则必须把握：

（1）能说清楚新课标对本学段、本学科课程的基本要求（包括质的要求、量的要求及如何落实）；

（2）能说清楚本教材的编写意图和编写体例；

（3）能说清楚本教材的知识体系、内在结构和逻辑关系；

（4）能提出本教材处理的合理建议；

（5）能提出本学科高效课堂的标准和适合本学科的教学理念与教学策略。[1]

案例2-7 获奖说课稿《核舟记》

教学目标

1.基础知识目标：练习诵读，培养语感。品味、积累语言，提高文言文阅读能力。

2.阅读能力目标：领会介绍核舟的顺序和详略，理解各具鲜明特征的人物神态、情趣。

3.写作能力目标：掌握"抓住事物特点进行说明，详略得当"的写法。

4.思想情感目标：了解我国古代工艺美术的卓越成就，培养民族自豪感。

重点、难点

重点：目标1、2、4。

---

[1] 陈学福. 如何说教材[EB/OL].http://www.docin.com/p-246836409.html，2011.8.20.

难点：目标 3。

课型、教学目标及重难点确定的依据

《九年制义务教育全日制初级中学教学新大纲》第二部分第一款：整体感知课文……对课文的内容、语言和写法有自己的心得，能提出看法和疑问。这是初中语文教学的重点内容。第三部分第三款、四款、五款"在教学中要重视的问题"中指出：要重视学生思维能力的发展，要重视培养学生的创造性思维，教学过程应突出学生的实践活动，指导学生语文实践的机会，提倡灵活多样的教学方式。因此将课型定为演示活动课。

大纲在"教学目的"中明确提出："在教学过程中，进一步激发学生热爱祖国语文的感情……提高文化品位和审美情趣。"第三部分"在教学中要重视的问题"中明确：要从语文学科的特点出发，使学生在潜移默化的过程中，提高思想修养，陶冶道德情操，培养审美情趣。本文介绍的是一件精美的工艺品——"核舟"。文章抓住了"核舟"的特点，细致地描述了它的艺术形象，赞扬了雕刻家的精巧构思和高超技艺，也显示了我国古代工艺美术的卓越成就。是培养民族自豪感的绝好材料，所以确定了本文的情感目标 4。

省编语文教材第三册第一单元的教学要求是抓住事物特点进行说明，从而提高这方面的听说读写能力。本单元是学生在初中阶段集中学习说明文的起始单元。《核舟记》是本单元的第三篇课文，是第三册所学的第一篇文言文，而我们前两册所学的文言文主要是记叙性的文章，第三册却以说明性为主，因此这篇文章可说是两者的过渡，对于学习古代文章的文体有很重要的意义。从整个单元的教学要求来看，《核舟记》是前两篇课文《中国石拱桥》和《祖国的大豆》的深化。由于本文是一篇文言文，因此在理解文句的基础上，了解课文是怎样抓住特点进行说明的也就成了本课应完成的教学目标。学习此文后，要求学生能鉴赏、能翻译、会写。所以确定了目标 2、3、4。[1]

---

[1] 吴晓华.《核舟记》说课稿[EB/OL].http://www.docin.com/p-561451.html, 2008.7.22.

由此案例可见，好的说教材，最核心原则是既要说清楚对教材的分析和处理，又要对教学对象的情况进行关照和考虑。

1.明确认识结构，说明所教内容在教材中的地位和作用。

如果说该内容是整个知识网络中的一个点的话，那么这个点不是孤立的。要明确这一知识内容及其相关的思想和方法对本单元乃至后续章节有什么关联，学习这一内容已有哪些基础。也就是要胸怀全局，站得高一些，清晰地认识到所教内容在本单元乃至整个教材中的地位和作用。

那么，教师如何才能把握住以上说教材的原则，正确地说教材呢？有学者指出要想正确地说教材，就要树立五种意识[1]。

一、课标意识

树立课标意识是正确说教材的方向保证。《课程标准》作为教育教学法规性文件，是有关教材的一切活动的依据。教材是课标精神的文本体现。《课程标准》的法规性地位以及它与教材之间的规定与被规定、指导与被指导的关系就决定了说教材必须树立课标意识。做到"心中有课标、口中讲课标、课堂上践行课标"。将课标意识作为说教材的首要意识。要把《课程标准》作为我们分析理解与驾驭教材、确立教材教法的法规依据，指导说教材。具体来讲，在就或一个学段、或一册教材、或一个单元进行说教材时，首先要明确《课程标准》对它们的要求与相关规定，同时要将《课程标准》作为法规尺度，度量说教材于始终。只有这样，我们才能够把握住正确的课程方向，同时，也有利于我们正确地解读与处理教材。

二、整体意识

树立整体意识是正确说教材的基本要求。教学过程是一个系统，各种教学要素达到和谐状态才能促进学生更好地学习；教学内容本身也是一个系统，要在整体感

---

[1] 王平.说教材要树立五种意识[EB/OL].http://www.pep.com.cn/sxpd/js/jxyj/kt/201008/t20100827_813738.html，2010.7.28.

知的前提下引导学生找到解决问题的方法。

这种整体建构理论其实质就是立足整体，把握全局。这一理论要求说教材要着眼于教材整体，从整体出发，把教材的各个部分、各个要素联系起来考虑，优化组合，形成对教材完整准确的认识。唯有如此，我们对于教材各个板块、各个系统、各个知识点等的把握才是准确的；从整体到部分的感知、解读教材，自我构建知识网络，才能在课堂教学中明确方向、游刃有余、有的放矢，才能够引导学生编织一张良性的、循环的、可持续发展的知识网。

为此，我们要明确说教材不同于说课。说教材的对象是一个学段、一册教材或一个单元的教学内容。而说课一般为一课时的教学内容。尽管说教材与说课都是在《课程标准》的指导下，对教材的分析理解、处理与把握，但它们一个宏观、一个微观，角度不同，要求与侧重点就不同。

树立整体意识，要求说教材要做到基本环节完整；在就每个环节进行阐释的过程中也要有整体意识，避免"只见树木，不见森林"；对于各个环节、各环节中诸要素的顺序安排、详略问题也要通盘考虑。上述要求要符合教材的内在联系及逻辑关系，做到科学合理。

三、联系意识

树立联系意识是正确说教材的关键所在。说教材是否揭示教材各个板块、各个系统、各个要素的内在联系及其逻辑关系，是衡量对于《课程标准》、教材与教法把握准确与否的重要标志之一，同时，也是正确处理、有效驾驭教材的基础。说教材只说"有什么"，不探究"为什么和怎么样"，对教材的把握就只能停留在表面，而触及不到实质；教师就仅仅是"教书匠"，而不能成为"研究者"。说教材的作用就没能最大限度地发挥出来。

说教材针对不同对象（或一个学段、或一册教材、或一个单元）有不同的环节和侧重点。就一个单元而言，说教材的基本环节有：(1) 单元题目；(2)《课程标准》对本单元的要求与相关规定；(3) 单元教材分析(单元的地位作用；单元教材的编写特点、编写意图与体例；单元教材知识体系等)；(4) 单元教学目标(三维目标；质和量的要求)；(5) 单元教学重、难点；(6) 单元教学策略(学情分析、对教材的处理、教学总原则与方法等)。上述诸环节、各个环节中诸要素之间是相互依存、相互影响、相互作用、具有内在联系的有机统一体。就教材本身而言，各学科教材均由若干个内部系统构成。以中学思想品德学科为例，由知识体系、能力体系、价值体系、题目系统、引言系统、活动系统、正文系统、辅助文系统和评价系统等多个内部与外部系统构成。因此，说教材不仅要遵循教材内在的联系与规律，还要将外显的与隐含的多种多样的联系用简明并准确的语言揭示出来，做到知己知彼，知其然，更要知其所以然。

四、层次意识

树立层次意识是正确说教材的内在要求。就内容来讲，层次性存在于《课程标准》、教材编排设计、教学目标、教学重难点、知识、能力、价值体系、教学方法、学法指导等方方面面。说教材对象本身层级分明，各层级地位、作用、要求各异且相互交织的客观性，决定了说教材理清层级及其相互关系、突出层次性是至关重要的。

《课程标准》、教材林林总总的层级关系要求说教材的呈现形式、表述方式也必须注重层次性。这主要是指要注意各环节的先后顺序问题；每个环节中侧重点、详略问题等都要遵循说教材内容内在的规定性。做到层级分明、脉络清晰、突出重点、详略得当。比如，在单元说教材的基本环节中，单元教材分析应作为说教材的重点。而此环节中单元的地位作用、单元教材的编写特点、编写意图与体例、单元教材知识体系等基本要素，应侧重于说单元的知识体系。再比如，对于教学目标的把握除了要明确三维目标，还要从认识行为动词入手，把握教学目标量与质的规定，清楚目标要求由浅入深、由易到难的递进关系。

五、精要意识

树立精要意识是正确说教材的核心要素。"精要"意识要求说教材准确简要，突出重点，体现层次，揭示联系。体现精要意识，是促使教师自觉地深入钻研《课程标准》、研读教材，掌握教材体系的来龙去脉，在知其然，并知其所以然的基础上，用准确到位的语言揭示教材实质所在的需要；体现精要意识是避免说教材盲目、随意、混沌，变被动为主动、变盲从为自觉、变混沌为明晰的需要。

树立精要意识，认真、反复深入地研究《课程标准》，挖掘教材是基础和前提，同时，不断地提高归整、提炼、概括能力和准确、简练、逻辑严密的语言表述能力是关键。精要性要体现在说教材的各个环节之中。

总之，说教材是一项系统工程。只有抓住关键，把握实质，将内容与形式和谐统一，说教材这枝教研奇葩才会在教育教学的百花园中鲜艳夺目。

第四节　说教材的途径与方法

说教材最根本的途径就是要理论与教学实践相结合。说教材的主要特征是强调说"理"，即不但要说"教什么"和"怎样教"，更要说出"为什么这样教"，这个"为什么教"就是教育理论，它涉及大纲、教材、学情、教育学、心理学、教学法等一系列教育的基础理论。

具体而言，说教材有概览性的宏观层面和具体的微观层面。仔细划分可以有六种说教材的途径，分别是说整套教材、说学段教材、说整册教材、说单元教材、说专题教材、说课时教材。整套、学段、整册都可以归类为宏观的说教材的方式，按照单元、专题、课时来说教材可划归为具体的微观层面说教材的方式。但二者不是割裂的，二者都是在理论与实践相结合的原则指导下，有着整体与部分相辅相成的关系。说整套教材、学段教材、整册教材都是要有对于每个单元、每个专题、每个具体的课时内容的熟悉以及对其内部及其相互之间的逻辑关系熟练掌握作为前提和基础；而说单元教材、专题教材、课时教材，又要求在课程标准的指导下，对于其所归属的具体种类、学科的教材所要传递的知识、能力、过程、方法、情感、态度、价值观等维度的标准有明确的把握。

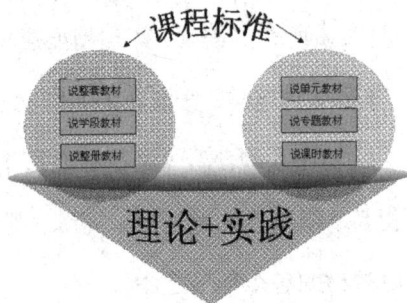

案例2-8　说初三化学教材(整体)[1]

化学是一门自然科学，它主要是研究物质的组成、结构和性质以及物质转化的规律，教材围绕化学研究的特点，全册共编有十二单元，课程内容的选择依据学生的已有经验和心理发展水平，反映化学学科内容特点，重视科学、技术与社会的联系，确定了"科学探究""身边的化学物质""物质构成的奥秘""物质的化学变化""化学与社会发展"五个内容主题，规定了具体的课程内容标准。这些内容是学生终身学习和适应现代社会生活所必需的化学基础知识，也是对学生进行情感态度与价值观教育的载体。

学生通过学习化学，可以有助于理解化学对社会发展的作用，能从化学的视角去认识科学、技术、社会和生活方面的有关问题，了解化学制品对人类健康的影响，懂得运用化学知识和方法去治理环境污染，合理地开发和利用化学资源；增强学生

---

[1]　新浪爱问共享资料．《说教材：初中化学》[EB/OL].http://ishare.iask.sina.com.cn/f/15477917.html，2011.5.17.

对自然和社会的责任感；初中化学课程是以提高学生的科学素养为主旨，激发学生学习化学的兴趣，帮助学生了解科学探究的基本过程和方法，培养学生的科学探究能力，使学生获得进一步学习和发展所需要的化学基础知识和基本技能；引导学生认识化学在促进社会发展和提高人类生活质量方面的重要作用，通过化学学习培养学生的合作精神和社会责任感，提高未来公民适应现代社会生活的能力。

一、课程目标

通过义务教育阶段化学课程的学习，学生主要在以下三个方面得到发展。

（一）知识与技能

1.认识身边一些常见物质的组成、性质及其在社会生产和生活中的应用，能用简单的化学语言予以描述。

2.形成一些最基本的化学概念，初步认识物质的微观构成和宏观组成，了解化学变化的基本特征，初步认识物质的性质与用途之间的关系。

3.了解化学与社会和技术的相互联系，并能以此分析有关的简单问题。

4.初步形成基本的化学实验技能，能设计和完成一些简单的化学实验。

（二）过程与方法

1.认识科学探究的意义和基本过程，能提出问题，进行初步的探究活动。

2.初步学会运用观察、实验等方法获取信息，能用文字、图表和化学语言表述有关的信息，初步学会运用比较、分类、归纳、概括等方法对获取的信息进行加工。

3.能用变化与联系的观点分析化学现象，解决一些简单的化学问题。

4.能主动与他人进行交流和讨论，清楚地表达自己的观点，逐步形成良好的学习习惯和学习方法。

（三）情感态度与价值观

1.保持和增强对生活和自然界中化学现象的好奇心和探究欲，发展学习化学的兴趣。

2.初步建立科学的物质观,增进对"世界是物质的""物质是变化的"等辩证唯物主义观点的认识,逐步树立崇尚科学、反对迷信的观念。

3.感受并赞赏化学对改善个人生活和促进社会发展的积极作用,关注与化学有关的社会问题,初步形成主动参与社会决策的意识。

4.逐步树立珍惜资源、爱护环境、合理使用化学物质的观念。

5.发展善于合作、勤于思考、严谨求实、勇于创新和实践的科学精神。

6.增强热爱祖国的情感,树立为民族振兴、为社会的进步学习化学的志向。

二、设计理念

1.让每一个学生以轻松愉快的心情去认识多姿多彩、与人类息息相关的化学,积极探究化学变化的奥秘,形成持续的化学学习兴趣,增强学好化学的自信心。

2.给每一个学生提供平等的学习机会,使他们都能具备适应现代生活及未来社会所必需的化学知识、技能、方法和态度,具备适应未来生存和发展所必备的科学素养,同时又注意使不同水平的学生都能在原有基础上得到良好的发展。

3.注意从学生已有的经验出发,让他们在熟悉的生活情景中感受化学的重要性,了解化学与日常生活的密切关系,逐步学会分析和解决与化学有关的一些简单的实际问题。

4.让学生有更多的机会主动地体验探究过程,在知识的形成、联系、应用过程中养成科学的态度,获得科学的方法,在科学的探究实践中逐步形成终身学习的意识和能力。

5.使学生初步了解化学对人类文明发展的巨大贡献,认识化学在实现人与自然和谐共处、促进人类和社会可持续发展中的地位和作用,相信化学为实现人类更美好的未来将继续发挥它的重大作用。为每一个学生的发展提供多样化的学习评价方式。既考核学生掌握知识、技能的程度,又注重评价学生的科学探究能力和实践能力,还关注了学生在情感态度与价值观方面的发展。在学习过程中,力求使更多的学生学会反思和自我评价。

三、设计思路

1.初中化学教材设计是以提高学生的科学素养为主旨；重视科学、技术与社会的相互联系；倡导以科学探究为主的多样化的学习方式；强化评价的诊断、激励与发展功能。

2.通过化学知识与技能、过程与方法、情感态度与价值观等三个方面来体现对未来社会公民科学素养的培养。

3.教材强调科学探究是一种重要而有效的学习方式，旨在转变学生的学习方式，使学生积极主动地获取化学知识，激发学习兴趣，培养创新精神和实践能力。

4.教材中的"活动与探究建议"是为了突出学生的实践活动，充分发挥学生学习的主体性而设置的。实验是学生学习化学、实现科学探究的重要途径，观察、调查、资料收集、阅读、讨论、辩论等也是积极的学习方式。

5.教材中的"可供选择的学习情景素材"包括与学习内容相关的各种背景资料，如化学史料、日常生活中生动的自然现象和化学事实、化学科学与技术发展及应用的重大成就、化学对社会发展影响的事件等。这些素材旨在帮助教师理解课程目标，教师可在相关主题的教学中利用这些素材来创设学习情境，充分调动学生学习的主动性和积极性，帮助学生理解学习内容，体验化学与技术、社会的紧密联系，引导学生认识化学在促进社会可持续发展中的重要作用。

案例2-9　说初三化学教材《金属的化学性质》一课(部分)[1]

1.教材中的地位及编写意图

《金属的化学性质》是九年级化学第八单元课题2的内容，具体内容主要有常见金属的三点化学性质及置换反应的定义。本课题是在原有知识的基础上对金属的化学性质进行较为深入、系统的学习，这样使元素和化合物知识更加完整。它侧重于对金属活动性顺序的理解和能利用金属活动性顺序解释一些与日常生活有关的化学问题，使学生在获得知识的同时，解决实际问题的能力也获得提高，而且学好

---

[1]　新浪爱问共享资料.《说教材：初中化学》[EB/OL].http://ishare.iask.sina.com.cn/f/15477917.html, 2011.5.17.

本课题为以后学习酸、碱、盐打下良好的基础。

2.基本要求

(1)考点内容

①掌握金属与氧气、金属与酸、金属与化合物(盐)溶液的反应规律;

②初步认识金属活动性顺序和置换反应;

③能用金属活动性顺序对有关的置换反应进行简单的判断,并能利用金属活动性顺序解释一些与日常生活有关的化学问题。

(2)知识结构

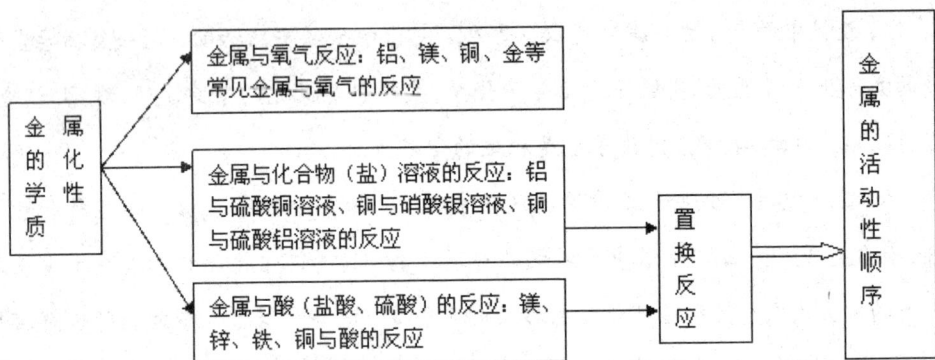

3.知识整合

教材介绍金属与氧气的反应时,可结合前面所学的氧气的化学性质让学生来学习归纳;金属与酸、金属与化合物溶液(盐)的反应,为今后学习酸和盐的知识做了铺垫。

4.体例分析

课例一:金属与酸的反应

先加入少量稀盐酸于四支试管中,再依次向四个区域中加入Cu、Fe、Zn、Mg四种金属,学生观察、对比,使学生能清晰地比较出这四种金属与酸反应的剧烈程度,从而比较出这四种金属的活动性强弱。意图是通过同学之间的交流、合作,体验探究活动的乐趣,使学生能对获得的信息进行简单的加工处理,培养学生比较、归纳、分析、概括等方面的能力，从而得出结论。

课例二：金属与金属化合物溶液的反应

通过探究实验铝和硫酸铜溶液的反应可知Al的活动性比Cu强，再结合实验探究能比较出铝、铜、银三种金属的活动性强弱。意图是给出一定线索为饵，激发学生的探究欲，在学习金属化学性质的同时，也了解了比较金属活动性强弱的另一方法。培养了学生勤于思考、严谨求实的科学精神和分析、归纳、综合总结的能力。

5. 教法分析

本节课主要采用实验探究法为主线，结合使用启发法、归纳分析法以及多媒体辅助教学法。

教材的重点放在金属活动性顺序的探究上，采用实验——讨论的探究模式，设计这些探究过程，主要目的是培养学生善于动手、善于观察、善于思考的能力，使学生学会从客观事实中归纳得出结论的方法，使学生运用所学的理论知识解决问题的能力得到提高；根据学生现有的知识和能力水平以及年龄特征，以实验探究法为主线。使学生通过探究过程，了解常见金属活动性顺序，突出重点。再结合使用一些辅助的教学方法帮助同学们运用金属活动性顺序解释一些实际问题，突破难点。多种教学方法互相穿插渗透，使课堂变得生动有趣，优化课堂教学，使课堂教学达到最佳效果。

6. 学法指导

根据学习目标要求，学生的学习主要采用以下学习方法：实验法、归纳总结法。学生自己动手做实验，边观察、边记录、边思考，在教师指引下按科学的方法处理所得的材料，得出结论。这样强化学生的实验能力和观察能力，逐步学会分析现象得出结论的方法。结合归纳总结法，指导学生进行综合归纳能力的训练，提高学生对所得信息进行加工、处理的能力。

7.教学程序

(1)创设情境,引入新课;(2)活动探究,获得知识;

(3)交流讨论,归纳小结;(4)练习反馈,巩固新知。

说教材的一个重要的方法就是教材分析。教材分析是确定教学方法、学法指导以及设计教学程序的基础,因此说课前必须认真钻研教材,全面考虑教材内容,分析知识结构重点,突破难点,抓住关键。

而分析教材抓住重点的一个关键问题就是能否把握住教材内容、编排以及目标设定的依据。也就是挖掘教材为什么这么编。

下面以《平面镜成像》一节为例,展现说课程序操作中,应如何搞好教材分析。

案例2-10　初二物理《平面镜成像》说课稿[1]

一、教材内容及设立依据

【教材内容】

本节教材的主要内容有平面镜及成像特点、成像分析以及平面镜的应用。

【设立依据】

1.符合社会作用性、教育性原则,对培养学生的物理思维、实验操作能力以及形成辩证唯物主义世界观起重要作用。

2.适合后继作用原则,为学生日常生活需要和以后参加实际工作准备条件。

3.满足可接受原则,既考虑学生的认识水平,接受能力和生理、心理特征,又着眼于学生的不断发展以及与科技的发展相适应,逐步渗透现代物理思想。

二、教材的地位、作用以及编排的依据

【地位、作用】

本节内容是在学了光的直线传播、光的反射的基础上进行的,是光的反射定律的典型实例,又是虚像概念与学生的初次见面,为后续的虚像、实像的学习奠定了

---

[1] 乐水仙.谈谈说课中的"教材分析"[J].中学物理,2000(02).

基础。因此,它起着承上启下的作用。

【编排依据】

适应学生智力结构范围内的知识,遵循了"由浅入深,由易到难,循序渐进"的原则,符合学生的认知水平和接受能力。

适应初中学生思维发展的现状。由于大脑的发育,使他们的推理判断能力大大提高,但是思维还处在由直观形象思维向理论抽象思维过渡的阶段,因此初中物理的许多概念、规律是经过类比或不完全归纳得出的,如本书中平面镜的成像特点就是经过不完全归纳得出的,这就是为了顺应初中生的思维水平和接受能力,从逻辑结构上看虽不十分严密,但并不影响知识的科学性,这样编排是合理的。

三、教学目标的确定及其依据

【教学目标】

知识教养性目标:

掌握平面镜的成像特点,初步建立虚像概念,知道平面镜的应用。

能力发展性目标:

培养实验操作能力和科学思维能力。

思想教育性目标:

培养学生辩证唯物主义世界观、爱国主义思想,增强民族自信心。

【目标依据】

1.《教学大纲》要求。

2.初二学生的认知规律、思维现状显示,采用适当教法,合理指导学法,学生有能力达到上述目标。

四、教材的重点、难点、关键

1.本节重点是平面镜的成像特点,一方面因为这是大纲上明文要求的,另一方面是由于继续学习的需要。

2.本节难点是对虚像的理解,因为学生的思维还处于直观形象思维向理论抽象思维的过渡阶段,像这个概念本已很抽象,虚像就更难理解,因而成为难点是符合实际的。

3.本节关键在于让学生通过实验自己得出平面镜的成像特点,因为只有亲手实验获得的知识才真实、可信,且易于掌握,进而突破重点。

说教材,除了在理论联系教学实践的基础上在课程标准的统一指导下说教材整体、说教材的部分以及分析教材这两种重要的途径外,具体方法主要有四点:

第一,教材简析。在认真阅读教材的基础上,说明教材的地位、作用。教师要读懂教材,了解课文"写什么"、"为什么写"、"怎样写",弄懂作者是怎样运用语言文字表达思想情感的,还要思考本课文与其他课文有什么不同,根据课程标准要求和学生的实际,哪些知识是教学重点,哪些知识学生学起来感到困难。这样才能说准说清教材的地位和作用。说教材要说教学课文在单元中的地位和作用。

案例2-11　高中语文《林黛玉进贾府》说课稿中教材的地位及作用[1]

教材的地位及作用:《林黛玉进贾府》选自《红楼梦》第三回,是人教版教材高中语文第四册中国古代小说单元的第一篇讲读课文。通过本课的学习,可以使学生了解中国古代小说的特点,巩固深化小说鉴赏知识,学习课文中塑造人物时运用的细腻鲜明的刻画笔法,提高阅读欣赏小说的能力,为学习本单元接下来的课文打好基础。

第二,明确提出本课时的具体教学目标。现代教学的突出标志是有目标的教学。现代教学论的基本观点是:学会学习,学会创造,学会做人,学会生存。用现代教学论的基本观点指导课堂教学,毫无疑问,课堂教学的目标和任务一定是也必须是

---

[1]　高中语文《林黛玉进贾府》说课稿[EB/OL].http://www.wyrj.com/teacher/shuoke/yuwen2/55268.html,2010.9.29.

使学生从低效、沉重、苦闷的学习重负下解放出来，不但使其学会，而且使其会学、乐学、善学。会学，是有方法地学习；乐学，是轻松愉快地学习；善学，是富有创造性地学习。达成新学习目标的教学艺术就存在于使学生会学、乐学、善学的创造性教学劳动之中。教学艺术源于普通的教学手段，是对普通教学手段的再创造。新授课的艺术，实质上就是达成新的学习目标的教学艺术。课时目标是教师备课时所规划的、课时结束时要实现的教学结果。课时目标越明确、越具体，反映教者的备课认识越充分，教法的设计安排越合理。

目标导向就是在教学活动中，目标训练自始至终以学习目标为导向，围绕学习目标有层次地循序渐进地展开和收拢。教师分析教学目标要从思想目标、知识目标、能力目标三个方面加以说明，准确地将教材内容浓缩为知识点目标（依据知识构成），根据知识点目标确定好学习方法和目标、能力训练目标和德育目标（依据课程标准），构建整体学习目标体系。再将这四大学习目标按记忆、理解、运用、综合、情感、技能六级学习水平设计成有层次的启发式问题，构建综合训练目标体系。

有目标地进行教学，规范了教学行为，避免了课堂教学中的随意性和失控现象。由于学习目标的整体性和训练目标的综合性，决定了教学效果的整体优化效应，有利于学生形成有目标、有结构、有方法的学习知识的习惯和积累知识的能力，对于培养学生适应未来社会需要的基本素质十分重要。

案例2-12 小学语文《飞机遇险的时候》的教学目标设计[1]

《飞机遇险的时候》的教学目标大致分为四个方向：包括思想教育目标、基础知识目标、基本技能目标、情感培养目标。

(1)思想教育目标

在理解课文内容的基础上，学习周恩来同志临危不惧、舍己为人的高尚品德，

---

[1] 说教材[EB/OL].http://www.233.com/teacher/mianshi/20100824/084026669.html, 2010.8.24.

也是这篇课文的精髓所在，因此在教学过程中，要引导学生学习周恩来同志这种崇高的精神、高贵的品质。

(2)基础知识目标

学会本课的生字新词，读写和积累有关词语，能用"掠过"、"欢腾"造句，能抓住关键词语，理解句意。基础知识的掌握是学习好语文必备的"硬件"，而词句的训练是整个小学阶段阅读教学的重点。本课的基础知识目标主要是依据课后的有关训练题设计的。其词语的训练主要是在理解的基础上注意积累和运用，句子的训练是抓关键词语理解句意。

(3)基本技能目标

根据课后的提示，给课文分段，掌握按事情发展顺序分段的方法。中高年级的基本技能目标主要是根据读写例话中提示的训练重点来确定。本组教材没有安排读写例话，读写训练还是承接前一单元"练习给课文分段"这一重点。《飞机遇险的时候》这篇课文是按事情的发展顺序来写的，因此我们可以把这一目标定为学习按事情发展顺序分段的方法。

(4)情感培养目标

抓住课文的有关段落，在理解、体会飞机遇险的险境的基础上，培养对周恩来临危不惧、舍己救人的高尚品质的崇敬之情。语言是情感的载体，情感是语言的内涵。阅读教学有着语言训练和情感熏陶的双重功能，因而，在进行本课教学时，要让学生深入其境，体会飞机遇险时的险情，激发对周恩来同志的崇敬之情。

第三，分析教材的编写思路、结构特点以及重点、难点、关键点。

上海二期课改教材系列中有一本供教师使用的教学参考资料，资料中列出"基本理念"、"整体内容框架"等专题，阐述编者对本学科、本年级教学内容的编排意图，每个单元(一组材料)又具体指出本单元的编写意图。教师在准备说课的过程中，要详细阅读，深入理解，以此作为分析教材的指导思想的依据。

例如，上海高一语文新课程的基本理念是：以课程标准"工具性与人文性统一"的原则，"开发语言潜能，提高语文素养"和"增强文化积淀，提高文化品位"两者并重。高中一年级阅读部分侧重于理解与感悟。每学期阅读部分均为六个单元。《沁园春·长沙》是以"生命体验"为主题的第一篇，要求领悟诗人以天下为己任的胸怀，体会字里行间的豪情壮志，理解作品情景交融的表现手法，感受凝练、豪放的语言风格。而该单元目的在于对学生进行生命教育，让学生通过课文的学习理解生命的意义，培养热爱生命的意识，初步建立积极向上的生命观，从而形成正确的人生观。[1]

说课中的"重点与难点"的说法与教案中的"重点和难点"的文字表达不同。前者应当强调这些难点与重点是在怎样的背景下被确定的，点明难点与重点的破解方法；后者则只要写明所教的教材其难点是什么、重点在何处即可。

案例2-13　高中语文《琵琶行》的教学重点[2]

《琵琶行》是H版高二第一学期的第一篇传统篇目，是我国古代叙事诗中的优秀篇章。本单元的教学重点是思路探索，通过对作品联想与想象的分析，来把握作品的脉络，感受人物形象，理解感情意蕴。而《琵琶行》又是古诗，在教学中有针对性地指导学生鉴赏诗歌很必要。对此，我把教学重点设定为：(1)体会诗歌的艺术特点，提高诗歌鉴赏水平；(2)体会文章的情感与内涵。在具体教学中，又把它细化为：学习并鉴赏描摹音乐的方法，体会景物描写的渲染环境与烘托人物情感方面的作用，体会音乐入耳、入情之美；领会天涯沦落的感伤和含义。

教学的难点往往与教学重点相联系。难点又大多表现在对知识的理解和技能的

---

[1]　说教材[EB/OL].http://www.233.com/teacher/mianshi/20100824/084026669.html, 2010.8.24.

[2]　季珏老师说课稿[EB/OL].http://wenku.baidu.com/view/ccc3726aaf1ffc4ffe47acf9.html, 2010.12.28.

有效掌握上，破解了难点就可能为学生完整地掌握重点铺平道路。

第四，说教材内容的剪裁

教学中心确定之后还要围绕中心进行选材和组织材料，这中间内容的剪裁很重要。剪裁教材内容要突出一个"精"字。一般地说，教材内容编写得都比较多，教师不可能也没有必要把教材内容全灌输给学生。因此，要依据教学目的和实际需要，浓缩教学内容。择其精者进行讲授，就是所谓浓缩，就是增加浓度，缩小体积。换言之，就是使不需要的成分减少，使需要的成分含量增加。教材内容的剪裁主要包括下面五个方面：

第一，根据教学目的来剪裁内容。就是根据教学目的的需要来剪裁。能够实现教学目的的多讲、详讲，反之就略讲或不讲。

第二，根据课堂教学的重点来剪裁。与教学重点有关的多讲、详讲，反之略讲或不讲。

第三，根据选定的教学方法来剪裁内容。如使用反馈教学法，可能选择那些易于反馈的学科和内容，如数学中的客观题；如使用谈话法，可能选择那些易于提问的内容和形式；如使用讨论法，可以选择带有关键性问题的内容，重点突出地组织学生讨论。

第四，根据教学手段的不同来剪裁教学内容。如使用幻灯、图片，则选择那些易制作录音或借助录音易于表达的内容，如抒情性散文、对话性文体，其他则从略。教师应该依据教学方法、教学手段来剪裁教学内容，是从某种角度来说的，是相对的，因为教学方法、教学手段是服务于教学内容的，是根据教学内容的中心和重点来选择的。但是教学手段和方法一旦确定后，就在某种程度上制约着教学内容的剪裁与选择。

第五，根据学科的不同，进行不同的剪裁。如同是浓度计算问题，数学课重点讲授计算浓度的方法，而化学课则首先讲清浓度的定义。

对于不同的学科来说，选择、剪裁的内容也就不同。

第五节　说教材的技巧

随着课程改革的深入开展，说教材这枝教研百花园中的奇葩散发着迷人的芳香，彰显着诱人的魅力。说教材在促进教师深入研究、准确把握课程标准的要求，正确理解与驾驭教材，掌握教材教法，提升自身专业素养，提高课堂教学水平和质量等方面的促进作用日益凸显。

说教材是要讲求技巧的。在准备说课、实际说课的过程中都有一些核心要点需要注意。

在准备阶段，要充分意识到说教材不是随意的，而是需要遵循一定的标准与要求，如紧扣课程标准、钻研教材、研究学生等。

第一，紧扣课程标准。课程标准对各年级从宏观上提出了教学的目标和要求。熟悉课程标准精神，明确中小学各科教材的内容、实施途径，避免教学离位或越位。

第二，钻研教材。说教材，教师先要钻研教材，把教材真正弄通，才能说清编排意图，才能说准特点、重点和难点。

第三，研究学生情况。教学的重点、难点是根据学生实际确定的，所以全面了解学生至关重要。

第四，突出重点，生动活泼。切忌照本宣科，切忌平铺直叙，要突出重点，说出特点。

在实际说课过程中，说课的教师应当做到：

第一，脱稿说。脱稿一方面彰显了准备的充分和对课程内容的熟稔，另一方面也有助于肢体语言和表情语言的自如表达。况且只有脱稿说才能记到了脑子里。如果还是念讲稿不可能记住，更不会在教学中发挥作用。

第二，课件的制作要以"知识树"为主或图表为主，而不是以文字为主。有的老师把书本上的文字搬到银幕上，形成大段字幕，这实际上还是在念稿。制作课件的过程实际上是老师整合教材的过程。

以张家云老师说教材人教版初中语文古诗文专题为例：

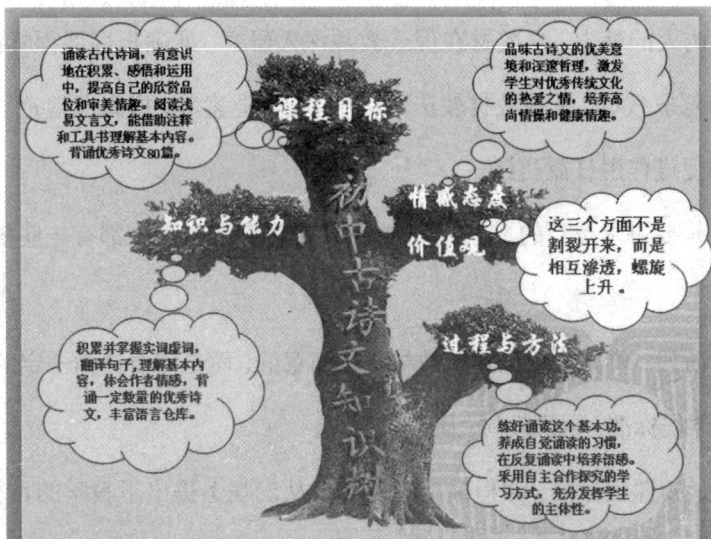

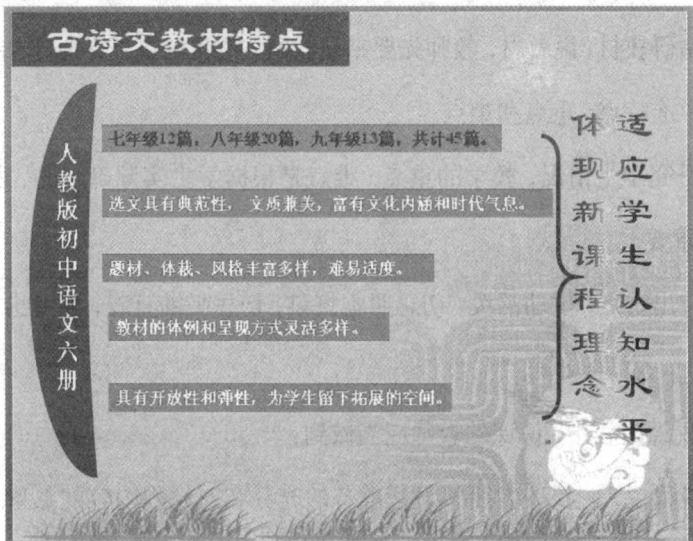

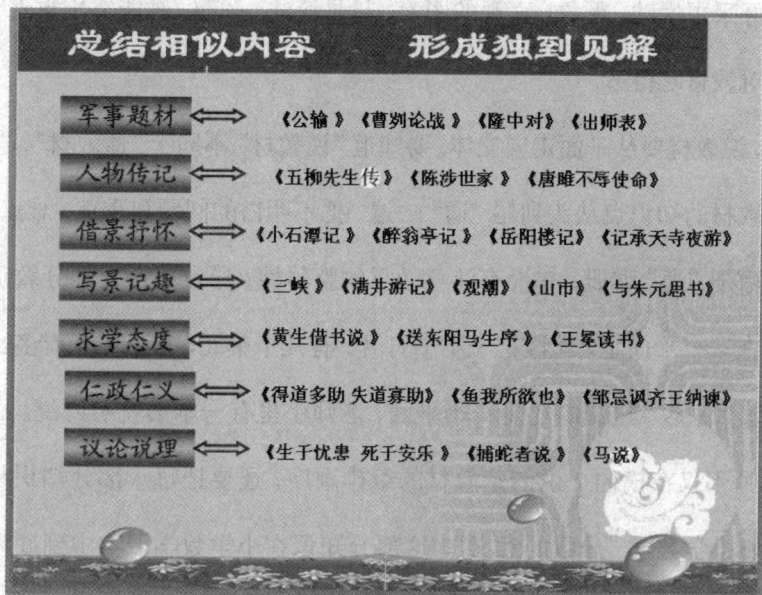

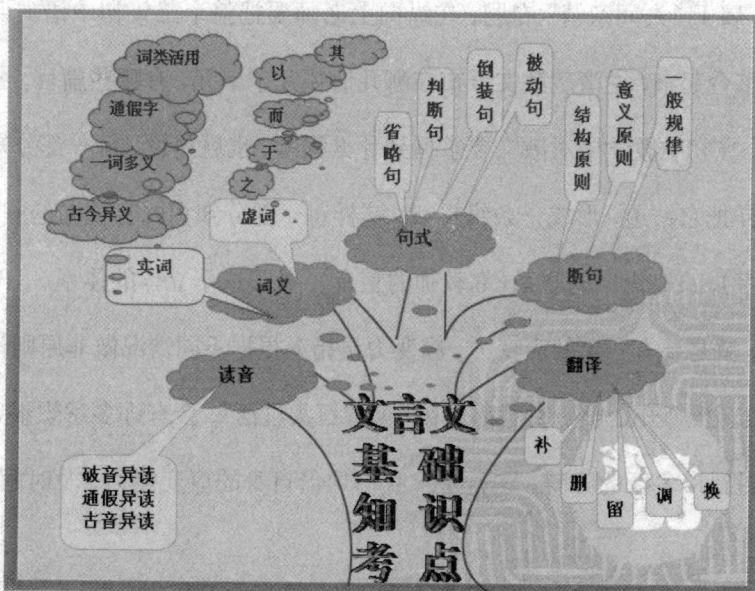

从截取的几幅说课课件内容可见, 对于教材的梳理和整合的结果, 在对外呈现

的时候最好采用生动、形象、直观的图表，越是简洁、鲜明，越能突出重点，越能反映出教师对教材吃得透。

第三，说教材要从平面走向立体。要知道"说教材"不同于"通教材"。"通教材"仅仅是把教材的知识点从头到尾"通"一遍，把不明白的问题和重点、难点搞清楚，一般是教哪册"通"哪册，并没有注意教材的整体性。导致现在大部分教师说教材还是停留在一个平面上。就像把一本书打开，有几个单元，每个单元有多少篇目和内容，我怎么来教。这说的还是一个平面，老师手里有一本书就可以说。而立体的说是指老师不仅在横向上说清楚教材的编排顺序，还要把每一部分知识从纵向上说清楚，如小学数学"分数的意义"，这部分知识在小学数学课本中到底涉及到哪几册哪几章，前边已经学过了哪些相关的知识，本单元要学习哪些知识，后边与之相关的还要学哪些。如初中语文中的散文，在横向上课本一般是按照专题来编排的，如《背影》属于"人间亲情"专题，在纵向上老师要把整个三年初中语文课本中的散文篇目整合起来，说清楚散文分布在哪几册哪几个单元，有哪些篇目，各自的要求是什么，在初中教学中对散文要掌握到什么程度。也就是说，每一部分知识都要像钻井一样把它钻透，形成一条纵贯线。这样每一部分知识既有横向的联系（课本的编排顺序），又有纵向的联系（靠教师的整合），就形成了立体的体系。

第四，就是要有一定的应变力。应变力是指人根据不同情况做非原则性变动的能力。每位新教师开始学习说课都是在"摸着石头过河"，会有许多意想不到的问题出现，会遇到许多新的障碍，这就要求我们凭借自身的应变能力，及时解决问题、克服障碍。

说课既是科学，又是艺术，随机性很大。如果说课人没有理论与实际情况相联系的较强应变能力，那么说课活动很容易陷入困境，再则说课人在说课中的角色与讲课中的角色不尽相同，这种角色的移位需要说课人迅速地适应，因此说课人应有意识地训练自己的应变能力。要想说好课，也要求说课人具备良好的心理素质。因此学校多多开展说课活动，也是有利于提高教师综合素质的举措。

第三章　说教法的艺术

　　说课作为一种新型的教育科研模式，是考查新型教师基本功素质的有效方式之一，也是一种促进教师专业发展的活动。说课在某种程度上可以说是授课的升级，它不仅要求说课教师向其他教师、专家、学者系统地讲解自己的教学设计，而且要求其说明采用此教学设计的理论依据，知其然，更知其所以然。因此，说课实现了对传统教师备课的超越，把个人备课状况置于集体监督之下，激发教师对教材、教法、学法等的研究，促进教师之间相互协作和交流，不断完善自我，实现共同提高、共同发展。对于课堂教学来说，说课是教师提高课堂教学效率、达到课堂教学目标、最终完成课堂教学任务的重要途径，是教师必须掌握的一门教学艺术。而教师要想精通这门艺术，除了研究基础教材和把握基本教学目标外，仍须借助恰当的教法和手段，即说课的第二门艺术——说教法。

第一节　说教法的内涵

　　教师上课时要选用合适的教法，说课时也要"说教法"。教法是教师和学生在课堂教学的过程中为共同完成教学任务、实现教学目标而使用的方法，是教学目的具体化的方式和方法，也是教师在课堂教学中能否顺利高效完成教学任务并达到教学目标的决定性因素。适宜的教学方法，有利于提高教师教的效率，也有利于提高学生学的能力；能使学生更好地理解和掌握教师所讲内容，从而提高他们的学习兴趣并引起积极思维，使他们分析问题和解决问题的能力也得到提高，和教师共同完成教学任务、实现教学目标，共同发展和进步。反之，则无法顺利完成预期目标。因此，能否合理地选择和运用教法，直接影响到教师课堂教学的效果和成败，而不体现教学方法的说课就只是平淡无奇的机械说课了。也就是说，教师在说课中说教法乃关键，掌握说教法的艺术则必需。

一、说教法的含义

说教法，就是教师在钻研课程标准和教材的基础上，根据本节课教学内容的特点、教学预期目标以及学生的学情，说明自己采用的教学方法和教学手段以及选择这些教学方法和教学手段的理论依据，也就是某种教学方法或教学方法中某个具体的教学方式、手段的选择和应用问题。如"为完成教学任务和达到教学目标，教师所采用的方法以及选择此方法的理论依据"、"为突出重点和突破难点，教师所采用的手段及其理由"、"为解析某个习题，教师采取的相应策略和措施"等。总之，说教法主要是解说在突出重点和解决难点时分别使用什么样的教学方法，使用这种教法的依据又是什么，是否能够达到预期的教学目标和教学效果。

二、说教法的内容

在实际说课中，教师切忌罗列大量的教学方法，切记也要说明选择此教法的依据以及打算在哪些环节使用这些教学方法，想要解决哪些问题，为什么要采用这些教学方法，选择这些方法又能否达到预期效果或教学目标。具体来说，说教法的内容主要说"清"以下三个层面：

（一）为完成教学任务教师所采用的方法和理论依据

教学有法，教无定法，贵在得法。教学方法的选择与制订往往受课程标准、教材内容、学生特征、教学手段、教师个人性格和教学风格等因素的制约。教学方法的选择，首先要考虑能否完成教学任务并取得最优效果，其次要考虑教师和学生所付出的劳动是否最少。选择教法时，一节课一般以一种或两种教法为主，多种教法辅助。教法的选择与所教内容密切相关。一般来说，若所教内容为本源性知识，教师采用观察和实验的方法更为适当，通过这些方法可以培养学生观察力、动手操作能力和综合分析能力；若所教内容为派生性知识，教师采用讲授和讨论的方法更为适当，通过这些方法可以培养学生的逻辑推理能力、归纳演绎能力和抽象思维能力。在学科教学中，根据课程标准，语文学科的教学目标主要是培养学生热爱祖国语文的思想感情，指导学生正确地理解和运用祖国语文，丰富语言的积累，培养语感，发展思维，使他们具有适应实际需要的识字写字能力、阅读能力、写作能力、口语交际能力，即培养学生的听、说、读、写的能力以及创造性思维能力，所以语文学科的教学方法的研究主要包括的就是听、说、读、写、思各个环节的具体教学方法。在实际课堂教学中，常用的教法还有课堂讲授和课堂讨论相结合、课堂讲授与现场教学（如参观性、见习等现场教学）相结合、课堂讲授与习题训练相结合、课堂讲授与教学实验相结合、课堂讲授和学生自学相结合等教法。教师说课时，解说自己在教学中确定要采用的教法后，仍须介绍为什么使用这些教法，即采用此教学方法的理论依据是什么。这就对教师提出了进一步的要求，不但知其然，还要知其所以然，这样，教师教的任务顺利完成，学生学的目标保证达到，教师和学生获得共同发展。

（二）为突出重点和突破难点所选择使用的教学方法和教学手段以及其理论依据

在课堂教学中，突出重点和突破难点是教师教授的主要目的，而恰当选择并灵活使用各种教学方法和手段是突出重点、突破难点的必要途径，也是提高教学效率、提升教学效果和质量的关键所在，更是衡量一个教师基本功素质和教育教学水平的重要标志，是教师所必须掌握的一种教学技能和艺术。那么，教师说课时，对于其课堂教学中所要采用的具体的教学方法和手段阐述应注意说"明"的内容则是：

教学所要采用的具体教法和手段是什么？如何在教学的各个操作环节使用？使用这些教学方法和手段的理论依据是什么？教师不仅要说明如何利用实物、模型、图表等直观教学用具，如何合理使用板书或现代教育多媒体技术，如何充分利用教育实践经验或图书、网络等教育教学资源等，而且要能够说明使用这些手段的理由是什么。此外，教师在选择教学手段时，要确保其实用、可行并具有创新性。一方面教学用具的使用也不能太多，否则使学生眼花缭乱，无法集中注意力有效地完成课堂学习任务。但是这不是说教学手段要从简，若太简单，就不能提高学生的兴趣和积极思维的主动性，课程内容的突出特征也无法体现出来；另一方面，教学手段的使用要确保能够实质性地突出教学重点、突破教学难点，而非仅仅体现出了表面的形式。总之，教师只有不断提高自己综合应用各种教学手段的能力，才能确保教学任务的高效完成和教学目标的顺利达成。

（三）为处理具体的某些环节所采用的教学策略和具体措施及其预期效果

教学过程的具体环节包括激趣导入、探究新知、体验发现、拓展延伸、课堂小结和课堂练习。教师说课，需说明在这些环节中选择了哪些具体的教学策略和措施，如何使用这些策略和措施来完成教学任务以及通过这些策略和措施的使用是否能够达到预期教学目标和预期教学效果。

可以说，说"清"这三方面内容才能说"明"教法，才能进一步掌握说教法的艺术。

三、说教法的目的

教师在说课中，说"明"了教法，掌握了说教法的艺术，意味着教师确定了教法，掌握了此教法的含义和依据，并了解了如何在具体操作环节中使用此教法，必然能够促进教师教法的研究和教师素质的提高。而说教法的目的也就在于促进教师研究和掌握各种教学方法的含义、特点、优劣、适用范围和使用条件等，使教师学会根据各学科的课程标准、教材内容的特点、学生的特征和学情、学校教学环境以及自身的性格和偏好等依据选择合适的教学方法和手段，并能够灵活使用各种教法，实现多种教法的优化组合，促进教师不断提高自身的专业素质和教学技能，从而提高课堂教学效率，达到教学目标，同时提高教师的教育教学科研能力，促进教法的改革。

通过说教法，教师在教育教学中的主导作用得到发挥，教师之间互相交流中外先进教学方法及其理论依据，使新的教学观念、教学思想、教学方法在课堂教学中得到体现和实施。教师在课堂教学中不断突破重难点，这不仅增强了教师课堂教学的有效性，而且使教师实现从"教会"到"会教"过程的转变，教师角色由传统讲授型教师不断转变为具备教学科研素质的专家型教师。

第二节　说教法的理论依据

理论依据是说课最突出的特征，也是说课之所以能促使教师钻研教学理论和提高自身理论素养的一个重要原因。说课中的说教法不但要求教师解说教学过程中采用的教学方法，而且要能够用相应的理论为其提供支撑。因此，教师需掌握与教法相应的教学方法论，并把握教学方法研究的新进展，从而使教法有理可据，说教法"有理可说"。

教学方法把课堂教学中"教师的教"、"学生的学"和"教材内容"这些基本要素合理地连接起来，使这些基本要素能够在教学过程中充分有效地发挥各自的功能和作用，从而完成教学任务，实现预期的教学目标，达到预期的教学效果。黑格尔认为："教学方法是引导、调节教学过程最重要的教学法手段。它是教学中旨在实现课程（学科课程）所计划的教学目标、旨在教授一定的教学内容（教养内容、教材）师生所必须遵循的原则性步骤。"也就是说，在课堂教学过程中，教学方法是为课程教学目标服务的，实施教学方法的主体是教师和学生，教学方法总是显性或隐性地存在于教师教授教材内容的教育过程中，教学方法和教师、学生、教学目标、教材内容以及教学环境这些因素紧密联系，总是受到他们的影响或制约。因此，教师选择教法时应考虑教学目标、教学内容、学生特点、教师特点和教学环境等因素的影响，并以他们为依据来选择，系统全面综合地考虑教学过程中各种要素。

一、依据教学目标选择教法

在课堂教学过程中，教学方法是为课程教学目标服务的。完成教学任务、达到教学目标是选择和使用教学方法的目的所在。教学目标则是具体化了的学科教学任务，是某门学科的某本教材的某个章节的教学任务。在课堂教学中，教学方法直接服务于教学目标，教学目标对教学方法的选择起直接的指向性的作用，是教师和学生从事教学活动的指南和出发点。教学目标从纵向来说包括学期教学目标、单元教学目标、课时教学目标；从横向来说包括认知、情感和动作技能这三个领域，每个领域又分为若干个层次。不同时期、不同领域、不同层次的教学目标需要选择不同的教学方法和手段。每节课都有具体的教学目标，目标不同，就需要选择不同的教法。例如，如果教学目标是使学生掌握新知识，则常常选用可相应注重采取以语言传递信息为主的讲解法、演示法、发现法等；如果以学生掌握动作技能为主要教学目标，可以采用以实际操作训练为主的教学方法；要使学生掌握解题技能和技巧，就采用练习法；要提高学生的口头表达能力，则采用谈话法和讨论法等。教师要掌握教学目标分类的知识和方法，制订可执行的具体的可操作性的目标。此外，教师要全面考虑认知、情感和动作技能领域的目标，并依此来选择和确定具体的教学方法。

案例3-1 《在山的那一边》说课稿[1]

一、说教学目标

我以新课标为依据，以自主、合作、探究为主要的学习方式，以朗读贯穿始终，

---

[1] 人教版初中七年级上册《在山的那一边》说课稿[EB/OL].http://www.wyrj.com/teacher/shuoke/yuwen1/55338.html, 2010.11.18.

在师生平等互动、对话交流的过程中,培养学生的朗读能力及赏析能力,给学生以有益的人生启示。

我把本课的教学目标确定为:

1.正确、流利、有感情地朗读(意在培养学生初步的语感)。

2.品味语言,体会情感(意在培养学生的赏析能力及审美情趣)。

3.联系生活,感悟人生(意在引导学生在熏陶感染中,逐步形成积极的人生态度)。

其中目标1、2是教学重点,目标2同时又是本课的难点。

以上目标的确定依据了新课标、单元学习目标、诗歌特点及学生实际。

第一,新课标对诗歌教学提出了明确的要求:“阅读诗歌,大体把握诗意,想象诗歌描述的情境,体会诗人的情感。”

第二,本课所在单元要求“整体把握课文内容,用心领会作者的写作意图,并联系自己的生活体验,思考人生,还要提高朗读能力”。

第三,丰富的想象、浓烈的感情、简约的语言是诗歌的基本特点。本文语言的形象性、含蓄性及深刻性的特点也决定了教学的重难点。

第四,对于刚踏入初中的学生来说,对于诗歌的知识知之甚少,因而只要能正确流利、有感情地朗读,能整体感知形象,初步体会作者情感即可。

二、说教法

为达到目标,我准备采用的方法有创设情境法、朗读指导法、诱导点拨法。

1.创设情境法,诗以情成篇,以情动人。所以在教学中,我力求酝酿一种利于调动学生思维、引起共鸣的氛围。如上课时,采用多媒体课件播放大山绵延不绝的画面,创设情境,导入新课;范读时,以钢琴曲《海边的星空》配上优美的画面,调动学生的多种感官,带给学生身临其境之感;讲析中,采用直观形象的板书,以促进学生的理解。

2.朗读指导法：有感情地朗读是诗歌朗读的最高境界，但对初一学生来说较难达到，因而应加强朗读指导，我将通过示范读、指导读等形式从停顿、节奏、情感等方面入手教给学生朗读技巧。

3.诱导点拨法：新课标强调，学生是学习的主人，而老师则是学生的引导者，因而诱导思维、指点迷津、宏观调控应是教师的主要任务。

二、在课程标准的指导下，根据教学内容选择教学方法

方法是内容的运动形式，教学内容决定着教学运动形式，即教学方法。教师要选择恰当的教学方法，就必须对教学内容进行分析，建构出教材内容的知识体系，确定本节课的知识点以及重点、难点。一方面，教师必须熟悉基础教育课程改革的精神和课程标准的理念及教学实施建议等内容，能够在课标的指导下，根据不同学科性质的教材采用不同的教学方法，学科的内容决定了一般教学方法在各门学科中的特殊形式，如计算机教学要使用讲解与演示相结合的方法，语文则使用讲授法（以下三个案例，音乐、信息技术和语文教学所采用的教法截然不同）；另一方面，就每门学科的具体内容来说，也有着不同的特点和要求，不同的内容也要采用不同的方法，如我们在学习语文时，虽然以讲授法为主，但是有些部分则用讨论法，有些部分则用练习或观察法等。教师要根据不同内容的不同特点，选择适当的教法。

案例3-2　《新疆之春》说课稿[1]

一、说教材

1.教材分析

《新疆之春》是九年义务教育人教版初中七年级上册第一单元的音乐欣赏曲

---

[1]　人教版初中七年级上册第一单元的音乐欣赏曲目《新疆之春》说课稿[EB/OL].http://www.docin.com/p-336769349.html，2012.2.6.

目，第三课时。初中音乐第七册属于中学生学习音乐的第一阶段，这一阶段主要是联系生活，培养学生的一般音乐能力，着重开阔学生的音乐视野。而第一单元的学习内容是《春之声》，则重点是了解、感受新疆民族音乐的风格特点，感受春天美好时光。中国民族音乐，多种多样，丰富多彩，富有民族生活气息，是劳动人民的智慧结晶。学生通过学习，将加深对民族音乐的了解，弘扬祖国的优秀传统艺术，增强民族自信心与自豪感。

《新疆之春》是一首小提琴独奏曲，曲作者是马耀先、李中汉。乐曲采用维吾尔族音乐素材，表现了新中国成立后新疆人民幸福生活、欢欣鼓舞的生活情绪。乐曲的感情乐观豪爽，乐思奔放流畅，具有鲜明的维吾尔族音乐风格特点。结构为单三部曲式。

2. 教学目标及重点、难点

本单元的教学目标：①了解我国少数民族音乐，积极参与各种音乐实践活动。②聆听、感受新疆维吾尔族音乐的风格，并体验小提琴齐奏的艺术特征。③能演唱、背唱《青春舞曲》。④能创造性地为歌曲、乐曲配伴奏。

根据教材编排的目的和教材本身特点以及教学大纲关于初中音乐欣赏课的要求，我把本课的教学目标、重点、难点定为：

重点：感受、体验音乐，参与音乐实践活动。

难点：为乐曲编配伴奏。①感受新疆民族音乐风格，体验小提琴演奏的艺术特征。②能用身边乐器(手势、自制乐器)为乐曲配伴奏，积极参与各种音乐实践活动。

二、说教法

根据初中音乐课程标准和教材特点以及初一学生的年龄、心理特征，我认为本课音乐基础知识、欣赏不必要精讲细唱。只需从整体上把握，培养学生音乐欣赏感知力，开阔音乐视野，训练学生举一反三、触类旁通的能力。鉴于这点认识，本课采用以下教学方法：①愉快教学法；②复习引入教学法；③提问教学法；④试唱教学法；⑤点拨教学法。其中以愉快教学法、复习教学法、试唱教学法、点拨教学法等为主要教学方法进行施教。

案例3-3　《化学能与热能》说课稿

一、教材分析

1.教材的地位和作用

本节课是人教版化学必修Ⅱ第二章第一节第一课时的教学内容，是化学学科重要的原理性知识之一。初中化学已经从燃料的角度初步学习了"化学与能源"的一些知识，在选修"化学反应原理"中，将从科学概念的层面和定量的角度比较系统地深入学习化学反应与能量。该节内容既是对初中化学相关内容的提升和拓展，又为选修"化学反应原理"奠定必要的基础。另外本节内容是在学习了"物质结构元素周期律"之后，应用物质结构理论来指导化学反应原理的学习，是对第一章内容知识的深化。该部分内容在初中化学、高中必修和选修模块中均有安排，既有学习的阶段性，又有必修、选修的层次性，在具体内容上前后还有交叉和重叠，学生概念的形成和发展呈现一种螺旋式上升的形态。同时化学反应释放的化学能是现代能量的主要来源，这一节知识在工农业生产、科学技术研究和日常生活中都有广泛的应用，与我们每一个人息息相关。因此，本节在全书中占有重要地位，是整个高中化学的重要内容之一。为了学生更好地接受本节课内容，并适应学生在"知识生态"中的生长性、环境性、综合性和发展性，我将本节内容进行了一下调整，先讲化学能与热能的相互转化，再讲化学键与化学反应中能量变化的关系。

本节课通过学与问燃料燃烧问题的引入，使学生对化学能与热能的转化问题产生了浓厚的兴趣，正是基于学生的这种心理特征，我利用本节教材设置了大量的探究教学，即应用试验创设教学情境，引发学生发现并提出新的问题，设计并进行试验，用以收集整理事实和数据，再得出结论，抽象出吸热反应、放热反应，然后上升到理论高度去理解概念，最后应用到实际中去。

2.教学目标分析

(1)知识与技能：①初步理解物质的化学变化、化学键变化和能量变化之间的关系，掌握物质的化学变化和能量变化的本质。②了解吸热反应、放热反应的含义，了解化学反应在提供热能方面的重要作用。③培养学生的实验操作技能。

(2)过程与方法：①通过对化学键与化学反应中的能量变化问题的交流讨论，学习获取数字化信息的方法，提高处理信息的能力和分析推理能力。②通过化学反应中的能量变化的活动探究，体验定性实验在化学研究中的应用。

(3)情感态度、价值观：①学生通过探究化学能转化为热能的奥秘，提高学习化学的兴趣和热情，体验科学探究的艰辛与喜悦，感受化学世界的奇妙和和谐。②通过生产的实例了解化学能与热能的相互转化，认识提高燃料的燃烧效率、开发高能清洁燃料的重要性，培养节约能源及保护环境的意识，关注与化学有关的社会热点问题，逐步形成可持续发展的思想。

3.教学重点、难点

重点：化学键与化学反应中能量变化的关系。

吸热反应和放热反应两个概念。

难点：从微观角度理解化学反应中的能量变化，掌握化学键的断裂和形成是化学反应中能量变化的主要原因。

二、教法分析

教育学理论认为，选择和采用教学方法时，不仅要根据学科的特点，而且要根据教学任务和学生的认识特点选用。化学是一门以实验为基础的自然科学，化学离开了实验，也就成了无源之水、无本之木。本节课主要采用了实验探究法，再结合问题探讨法、分析推理和比较归纳法等教学方法，为了更好地突出本课重点、突破难点，完成教学任务，同时我还在教学中合理地运用多媒体等辅助手段，便于达到更好的教学效果。教学时从以下几个方面进行突破：将2-12-22-3安排为分组实验，学生通过亲自动手实验，有利于触摸反应器和观察温度计，增强感性认识。

案例3-4 《皇帝的新装》说课稿

根据童话作品体裁的特点及时间所限，我采用的教学方法是：

1. 字词训练：大屏幕显示，师生合作完成。此为记忆性学习。

2. 快速阅读：理清故事情节，初步感知课文。

3. 分组研究学习：依照故事情节发展，结合屏幕图片展示，研究总结不同人物的相同心理，让学生自主发现问题，悟出作者写作目的，同时感受与人合作学习的愉悦，方法由记忆性学习上升到理解性学习。

4. 想象：我本着营造机会就放手的原则，让学生插上想象的翅膀，给学生思维活动空间，激励创新欲望，培养创新思维，使学生由理解性学习上升到创造性学习。

三、根据学生特征选择教学方法

学生的特征包括学生心理、生理和社会性等一般性特征，学生已经具备的知识技能基础以及学习态度、学生的学习风格和习惯等因素。学生是教学的主体，教师教是为学生学服务的，教学方法也必须根据学生的特征选择。所以，教学过程中教学方法的选择要受到不同年龄阶段学生的心理生理特征、基础知识技能水平、学习动机态度、学习风格习惯的制约。首先，在年龄阶段上，小学阶段的儿童注意力时间较短，理解能力有限，教学方法要丰富和新颖，能够吸引他们的注意力，尤其是导入课程的时候要能够引起他们的兴趣；而初中高中阶段的中学生注意力时间相对较长，自控能力和思维理解能力也达到了一定的水平，可以采用谈话法、讨论法、发现法等（以下两个不同年级的案例对比）。其次，在知识基础上，基础较好的学生可以采用自学读书法,而基础较差的学生要选择讲授法以及现场教学相结合,从知识上和兴趣上两手抓。再次,学生学习习惯和风格不同,教法的选择也不同,对于场依存的学生要采用讲授法和自学辅导相结合,而场独立的学生一般自学能力强,采用讲解法即可。当然,在实际课堂教学当中,要从大多数学生的需求出发来选择教法。总之,教师要以学生为本,能够科学而准确地分析研究学生的特点,有针对性地选择和运用相应的教学方法,使学生在学习掌握知识、形成技能的同时,能够促进学生的身心向更高的水平和阶段发展。

案例3-5 《我是什么》说课稿[1]

低年级阅读教学应把词句训练放在首位,充分发挥学生的主观能动性,培养自主、合作的精神。本节课,我主要采用了以下的三种教法:

1.直观演示法。通过生生互动演示、师生互动演示,发挥学生各种感官功能,让学生在动脑、动口、动手中参与训练,激活思维,读懂课文的词句。

2.多媒体辅助教学法。这节课,我制作了优秀的课件,采用多媒体辅助教学去诱发学生的情感,使他们兴趣盎然地参与教学活动。

3.鼓励欣赏法。在小组中、班集体中的点评,主要是鼓励学生充分地展示才能,满足他们希望得到赞许、羡慕、体会成功的心理特点,激起学生学习的欲望,增强学习的信心。

案例3-6 《信息及其特征》说课稿[2]

一、教学对象分析

知识的获取者是刚刚升入高中的学生,按照人的成长认知规律,学生对知识的

---

[1] 人教版小学语文一年级上册说课稿《我是什么》[EB/OL].http://www.51test.net/show/1822945.html, 2011.10.17.

[2] 教育科学出版社的高一信息技术基础第一章第一节《信息及其特征》说课稿[EB/OL].http://res.hersp.com/content/1731690, 2012.6.13.

获取开始由感性认识提升到理性认识。对于"信息"这一事物的认识,可以让他们从大量存在的现象中,发现并归纳出他们应该获得的知识。老师在此过程中起着引导的作用。

二、教学方法

采用讲授法、讨论法。

四、根据教学环境选择教学方法

教学环境在这里主要包括学校所在地的教育资源和学校内部教育资源。当地教育资源主要是指当地的民族文化建设、历史文化遗产以及实习基地等可以充当教学现场和实践教学的资源;学校教育资源包括实验仪器、图书资料、多媒体、电脑等教学设备以及教室、操场、实验室、活动室、科学室、音乐室等教学设施。教师进行教学方法的选择,要充分考虑当地和学校内部的教学资源的可能性并合理利用整合各种可能的教学资源,充分挖掘这些教学资源的隐性教学功能,使教学方法和手段的选择更具有丰富性和多样性。此外,在当代信息社会条件下,教学媒体的使用也越来越多,但是教学媒体并不是越多越好,教学媒体的选择也要考虑它的适宜性。教师在选择教学媒体时,首先要看它是否适合所教内容,是否适合学生的年龄阶段的发展水平等。教师要根据教育内容和教学目标的需要选择教学媒体,而非盲目使用,否则适得其反。

案例3-7 《山岳的形成》说课稿[1]

一、说学情

高一的学生在初中阶段识记了大量的中外名山,而且也了解了"大陆漂移假说"及"板块构造学说",特别是本章的第一节学习了内力作用的有关理论,本节"山岳的形成"是具体的案例运用与拓展,因此学生对此部分知识已有所了解,但内力作

---

[1] 人教版高中地理必修一第四章第二节《山岳的形成》说课稿[EB/OL].http://www.gkstk.com/p-5588098.html, 2010.9.10.

用对地表形态的影响在日常生活中难以亲眼看到，所以需要学生进行地理的理性思维，才能正确判断背斜构造和向斜构造，进而运用到现实的生产生活中，所以学习本节内容有一定的难度。遵循高中生的身心发展特点和本节课程标准的要求，在教学过程中，利用学生熟悉的案例或借助模拟演示、动画帮助学生理解、掌握概念并运用原理到实际的生产生活中，实现感性认识到理性认识的升华，让学生体验到探索知识的乐趣，并感受"学习有用的地理"的学习理念。

二、说教法

启发式教学：本节教材难度较大，理论性较强，需要学生进行信息的收集以及对图的理解与分析。因此，采用在学生读图分析、课堂讨论的基础上，教师引导、点拨为主的方法进行教学。

多媒体辅助教学法：多媒体以其形象的画面、优美动听的音乐、生动感人的解说，增加了真实性、趣味性。在短时间内使大量无法直接观察的感性材料呈现在眼前，激发联想，有利于课堂教学。

五、依据教师自身素质和特点选择教学方法

教师是教学的主导，是教学方法的主要策划人，教师本人教育教学观念、教育理论知识水平、教学经验等无疑会影响到教学方法的选择。教学方法虽然好，但是如果不适合教师的个性特征，就不能使教学方法的功能得到充分的发挥，也就无法完成教学任务，达到教学目标。有的教师擅长板书，有的教师则喜欢用多媒体，有的教师专业素质较高，有的教师科研能力较低，教师在选择教学方法时要从自身个性和特点出发，扬长避短，发挥个人优势，选择最适合自己的教学方法。

六、依据教法本身的特点选择教学方法

我国中小学教师常用的教学方法主要有以下几种：一是以语言传递为主获得间接经验的教学方法，有讲授法、谈话法、讨论法以及读书指导法；二是以直观教

学为主获得直接经验的教学方法，有演示法、参观法；三是以实际训练为主形成技能的教学方法，有练习法、实验法、实习作业法；四是以陶冶情操为主形成一定的审美能力的教学方法，有暗示法、情境教学法。近年来，教学方法的研究取得较大的发展，尤其是哲学、心理学以及现代科学技术开始渗透到教学方法领域，并已逐渐成为构建现代教学方法的理论基础。其中，一些以这些理论为基础的教学方法悄然兴起，如强调意义建构的教法、强调教学反思的教法、强调学生主体性的教法、研究性教学法、合作学习、活动教学法、创新性教学法、参与式教学法等。此外，还有几种教法也开始逐步活跃在我国中小学课堂教学中，如理解教学法、案例教学法、生成性教学法、对话教学法、任务型教学法等。

不同的教学方法有不同的功能和目的，没有优劣之分，仅存在适合不适合的问题，因此，教师要选择能够高效完成教学任务达到教学目标的最适合课堂教学的教法。

教师课堂教学所采用的教法主要就是根据以上六个理论依据来选择的。总之，教师说教法要依据科学的教学方法论说教法，钻研教材，研究学生，关注教学发展，选择教学方法。教师不但要说出怎样教，而且要说出这样教的道理，要从理性上认识教学方法的规律和特点，使人既能听懂又能学会，这样才能使教法得到广泛而有效的传播，最终促进教法的改革。

第三节　说教法的原则

说教法，一要"选"，二要"说"。"选"关键在于教师对教学内容、学生特征、教学目标以及教学环境等因素的理解和把握，"说"关键在于教师"会不会说"、"愿不愿意说"、"能否说清楚"。在实际教学实践中，有的教师选不出适当的教法，有的教师认为说教法就是简单陈述一下几个方法，有的教师把听众当成学生，把教法讲述了一遍……教师说教法总受到自身主观性判断的影响，那么如何能"选"好又"说"好呢？具体来说，教师说教法时应该遵守以下五个原则：

一、科学性原则

教师在说教法时，一方面，要符合教学规律，反映教学规律性的教学特征，有教育性、发展性、简约性、适应性、主体性等。这些已被人们发现和认识的教学特征，是古今中外广大教育工作者长期教学实践和理论探索的结果，教师的教法只有适应这些特征，教学才能成功；另一方面，选择教法的理论依据要准确、具体、针对性强。科学理论含量越大、水平越高，则带来的通用性和共享性越强，说课的价值也就会越大。

二、启发性原则

一方面，要能够启迪学生，教师说教法时，教法的选择和运用要以启发式教学为指导思想。启发式教学的指导思想就是教师在教学过程中，引导学生开展积极的思维活动，发现问题、分析问题、解决问题，从而发展学生的智力，培养学生的能力，促进学生养成独立思考问题的能力，使学生掌握规律性的知识，由此及彼，举一反三，触类旁通，从而为学生的创造性思维品质的形成提供良好的条件。教师在教学过程中要充分调动学生学习的自觉性和主动性，让学生学会学习、学会创造。教师对任何教学方法的选择和运用都要以启发式的观点为指导，否则即使同一种教学方法也会出现不同的效果；另一方面，要能够启迪教师，因为听课的教师才是最直接的受益者，教师在说教法时要注重观念更新和思想解放相结合，扩展教师对教法理论的认知，提高教师运用教学方法的能力，使学校教师在遵循规律和常规的基础上，不断吸收新信息，把握新方向，开拓新视野，运用新思维，树立新观念，应用新理论，进行新探索，总结新经验，提出新构想，制订新的教法，进而促进学校教法的改革与创新。

案例3-8 《液压基本回路》说课稿

这节课我采用启发引导的教学方法，通过多媒体教学创设实际液压情境，激发学生的学习兴趣。在整个过程中按照提出问题(给出任务)—学生小组讨论—尝试回答—动画演示—分析归纳—得出结论—巩固练习的思路进行。教师的动画演示加上正确、有步骤的引导，使学生积极地发现问题、分析问题、总结问题。设计目的在于加深学生对重点知识的理解，最重要的是学生通过这个过程潜移默化地感受到"实践—认识—再实践—再认识"的认知规律，也充分体现了"教师主导，学生主体"的教学原则。

三、主体性原则

学生是教学的主体，教师在课堂教学中要始终坚持以学生为本，说教法要尊重学生的主体性。一方面教师要从学生的实际知识和技能水平出发，注重学生能力的培养；另一方面要从学生所处年龄阶段的认知发展规律出发，遵循学生身心发展特点。也就是对不同的学生采取不同的教法，因材施教。教师的教是为学生的学服务的，教师教是手段，学生学才是最终目的。因此，教师在运用各种教学方法的时候，要确保学生主体作用的发挥，这是教师选择教法的前提和基础，也是教师运用教法的最终目的。

案例3-9　《山市》说课稿[1]

在整个教学过程中，我始终坚持体现学生的主体性，让学生自主学习。因此，我设计了以下教法：

1. 情境设置法

本节课中，我充分利用课件展示创设情境。首先是动画片《阿拉丁神灯》片段，激发起学生的好奇心与探索欲。其次整节课都在具有神秘气息的中国古典民乐的氛围中。课件的背景是与文言文意境相似的中国古典山水画，字体采用楷书、隶书、行书等书法字体。整体界面古色古香，充满了浓浓的中国传统文化的韵味。从而帮

---

[1] 鲁教版初中教案《山市》说课稿[EB/OL]. http://www.5156edu.com/page/06-10-23/16382. html, 2006.10.23.

助学生感受文言文中的物象，通过联想与想象，在整体上把握课文的思想感情，自然地融入课文的意境中。

2.诵读法

教法千变，朗读为本。对文言文的教学来说，诵读尤为重要。要克服学生学习文言文的畏难心理，激发学习兴趣，就要从朗读入手，让学生把握文言文的节奏，体会其中的音乐美，感悟中国古代文化的韵味。

3.质疑法

课前做好预习，课上提出预习过程中遇到的疑难问题，学生互相释疑，教师适当补充。

4.讨论法

引导学生自主学习，合作探究，共同分享合作的乐趣，感受成功的喜悦。同时将简单的分组讨论引向有组织、有分工、有合作的更高层次的讨论形式。

5.画图法

《山市》中的景色瞬息万变、虚无缥缈，比较适合培养学生的想象力。因此，我从三个层面来培养学生的想象力。①以创造性复述来培养学生描述景物的再造想象力。②以给景物画插图的形式来培养学生将语言转化为图景的空间想象力。③最后又给插图配上文字，将再造想象力与空间想象力相结合。

四、实用性原则

说教法不是最终目的，说教法是为课堂教学服务的。教师说教法时，每个环节所采用的教法要有针对性、实用性和可行性，一方面要言之有理，另一方面要联系实际，有根有据，才能使课堂教学取得最佳效果，达到预期教学目的。

案例3-10 《菜园里》说课稿[1]

1.生活是教学的源泉，也是学生认识世界的重要途径。新课程标准强调语文学

---

[1] 人教版义务教育课程标准实验教科书语文一年级第一册《菜园里》说课稿[EB/OL].
http://ja.3edu.net/ywsk/Lesson_84776.html, 2008.11.25.

习的生活性与实践性，本课内容的选入贴近学生生活，所以在本课教学设计时，我从生活实际出发，注重学生的亲身实践体验，把教材与生活有机融合，让学生有活动的时空，走出课堂，在有趣的生活中学习，比如，课前让学生跟随父母去菜市场，看菜、买菜、认菜，了解并收集有关蔬菜的知识；开课前又设计了这样的准备活动：教师将购买的九种蔬菜摆放在教室四周，并在每种蔬菜前放上名称卡片，让学生自由动眼看，动手摸，用鼻闻，尝试认识它们的名称；课中结合学生前面体验，选择自己喜欢的、熟悉的蔬菜名称说话，介绍自己认识的蔬菜，并拓展延伸，给学生提供展示交流课外收集的有关蔬菜的知识及认识表示蔬菜名称的词语，随后创作儿歌，课后设计完成"蔬菜果瓜园"画板的实践活动。

学生遇到新鲜事物、新的问题觉得有趣，便不自觉地动眼观察，动手收集，动嘴沟通，动脑思索，在实践活动中认识事物，学习知识。

2.以学生发展为本，在引领学生掌握各种知识和技能的同时，给学生的思维能力和表达能力以充分发展空间。本课教学时，我本着一切从学生生活经验和已有知识经验出发，设计教学，展现教学。在教学过程中注重以学生为主体，通过引导学生自主学习、主动探究去获取知识，并将学习生字与积累语言、发展语言、发展学生的思维结合起来，比如，开课时，请学生自愿介绍自己到菜市场了解到的蔬菜名称；在识字中，让学生根据自己情况选择认知蔬菜名称，学习生字词；在学习儿歌前，请学生结合生活体验用九种蔬菜名称说话；学习儿歌，了解蔬菜特点后，又安排了拓展延伸，扩展识字，学生根据生活体验去创作儿歌。

在整个识字、学习儿歌的过程中我还采用自读、互读、开火车读、分男女生读、比赛读、挑战读、展示读等多种形式体现并落实语文学科以读为本、读悟结合的特点。通过读，让学生感知语言、积淀语言。通过悟，培养学生对语言文字的理解能力，发展学生的思维。

3.识、写结合,在认字同时重视写字。本堂课在认读了"菜、园、萝、卜、豆、角、心"这七个字后,将"萝卜"的"卜"和"心"的认和写结合起来,利用制作的写字教学课件与教师的板书范写进行这堂课的写字教学,并把指导学生读帖,观察字的占格、起笔、收笔落实在写字教学中。

4.尊重学生选择,还给学生自主选择的权利,比如,在识字环节中创设情境,让学生尝试自学生字。学生尝试认读九种蔬菜的名称词语,喜欢哪种蔬菜就认读哪种蔬菜的名称;在学生汇报自学结果环节,选择自己会认的词语认读;在学习儿歌环节,选择自己朗读得比较好的句子展示等。

5.让学生体验成功的乐趣,为学生提供展示的舞台,比如,展示自己会认的生词,展示自己读得好的句子,展示自己课外收集的知识和课外认识的生字等。

6.开放式教学,体现"大语文"的教育观。

整个教学活动为学生提供实践机会,让抽象的字与具体的物结合,充分调动学生自主认记生字的积极性。课前学生到菜市场买菜、认菜,了解有关蔬菜的知识,通过亲身实践收集信息;课前活动时将蔬菜摆在教室四周,学生通过看、摸、闻、认、读等形式调动多种感官认知;课中的拓展延伸,展示交流课外收集的有关蔬菜的知识及认识表示蔬菜名称的词语,随后创作儿歌;课后设计的完成"蔬菜果瓜园"画板的实践活动将学科整合。

整个教学过程本人力求充分利用课堂资源沟通课堂内外知识,联系学科,联系生活,努力拓宽学生学习空间。

五、灵活性原则

教法有很多种,教师在进行课堂教学的过程中,要灵活地根据不同层次的教学目标、不同性质的教学内容、不同年龄阶段的学生的不同发展特征选择不同的教法和手段,在教学过程的各个具体环节灵活使用,并对各种教法进行合理配置、优化组合,从而提高课堂教学目标达成的效果和任务完成的效率,提高学生课堂学习的兴趣和积极主动的思维,实现教师教和学生学的有机结合,最终促进教师和学生共同发展。

案例3-11 《〈论语〉十则》说课稿[1]

"教无定法而又有法",教学方法的设计应面向全体而又注意个体差异,应以满足学生的学习需要为出发点和落脚点。正如陶行知先生所说:"先生的职责主要在于教学生学。"

1.朗读法

教学千法读为本",本课教学较注重朗读训练,朗读贯穿整个教学过程。在学之前读,让学生整体感知《论语》的语言特色,即每节短小精悍,内容前后无联系。在点拨时读,使学生加深对字词和内容的理解。同时朗读训练避免单一,可采用灵活多样的方式。另外教师要注意朗读技巧的指导,即句读分明,节奏合理,语音流利,音韵铿锵。本文有许多句式相似,要注意读出对称的感受来。如"学而不思\则罔,思而不学\则殆"。再如,"为人谋\而不忠乎?与朋友交\而不信乎"。在反复的吟诵中,品味语言,感知每一句的大意,加深对每一则内容的理解。

教法依据:"书读百遍,其义自现。"本文是文言文,课文要求背诵,对文言字词的理解主要是通过朗读来实现;其次本文语言简练,句式相似者较多,适宜朗读,通过朗读,从整体上感知语言,理解内容。

2.点拨法

运用点拨教学法,以突破重点。运用点拨法,就是教师针对学生在学习课文的过程中存在的知识障碍、思维障碍等,用画龙点睛和排除故障的方法,启发学生寻

[1] 《<论语>十则》第一课时说课稿[EB/OL].http://www.jiaoshizixun.com/article/html/847.html,2012.2.28.

找解决问题的途径，从而达到掌握知识和发展能力的目的。如学生在讨论"择其善者而从之"与"择其不善者而改之"及"岁寒，然后知松柏之后凋也"这三句话中的"之"的用法时，让学生复习回顾《童趣》一文中"之"字的几种用法，归纳总结本文中该词的用法。教师的相机诱导，往往能拨动学生自主学习的积极性，教会学生一些学习的方法，不断联系，补充新的知识，解决新的问题，思维也得到训练。

教法依据：根据学生的实际和年龄特征，废止串讲，突出以"教师为主导，学生为主体"的特征；主体与主导的最佳组合是现代课堂教学理想的境界。

3.合作探究法

四人小组合作探究，学生互问互答，围绕问题自由发表自己的见解。在合作探究的过程中，通过与文本的交流，学生积极地参与学习，表现出积极的思维。用学生的互问互答、老师的适当点拨和评价等互动互助的形式，把问题给学生，通过学生的思考，分析得出答案。让每个学生都"动"起来，在较开放的探究活动中对文章的理解有了深度，如组织学生探究"岁寒，然后知松柏之后凋也"这句话告诉人们的道理以及我们现在用的意思与之相近的俗语，探究怎样看待"己所不欲，勿施于人"，在探究中，有的学生甚至对孔子的"知之为知之，不知为不知"与教育界"左真右假"的故事提出质疑，学生在主动探究中时常有新发现。

教法依据：(1)因材施教，本文内容紧扣学生实际，下有注释，利于组织讨论、探究。(2)合作探究是语文新课程标准所提出来的新理念，在使用教材过程中必须观测这一做法，这是语文适应新形势的需要。(3)学生的主体作用和教师的主导作用原则，注重学生主观能动性的发挥。(4)让学生充分地活动起来，符合素质教育"以人为本"的理念。

总之，教师要坚持"教必有法、但无定法、重在选择、贵在得法"的原则，以教学方法论为基本理论依据，在一定的教学环境中，根据教学目标和教材的特点，结合学生知识水平和接受能力的实际情况，从自身特点和素质出发，注重说教法的科学性、启发性、实用性、灵活性和主体性，认真选择行之有效的教学方法，从而圆满完成教学目标的实施。

第四节　说教法的途径和方法

说课要求教师在十几分钟内将教材内容、教学目标、教学方法、教学程序等全部讲解清楚，某种程度上，说课比讲课更难。许多教师觉得说课要求太高、时间太短，难以在这么短的时间内解说清楚自己的教学设计。有些教师在说教法的时候往往只是简单地陈述一下，至于"怎么教"、"为什么教"却难以表达清楚。其主要原因在于教师没有把握好说教法的思路，致使说者"混"、听者"乱"，说教法说不清，说课更是难以进行。因此，教师要想把教法说清楚，必须思路清晰，也就是必须掌握说教法的途径。

一、说教法的途径

（一）说明选择的主要教法及其理论依据

即说明本课所采用的最基本或最主要的教法是什么，采用这种教法所依据的是什么教学原理或原则是什么。

（二）要说出所选教法的具体操作方法及其预期效果

即说出本课所选择的几种主要的教法在教学环节中的运用以及组合运用这些教法将达到的预设目标及其依据。案例《关注我们的人文环境》阐述了每个环节采用的教学方法和教学手段以及期望达到阶段性教学目标（见表1）。案例《It's important to have a heal》则更为清晰地说明了其采用的四种教学方法（直观教学法、情境教学法、任务型教学法和优质评价法）及其理论依据（课标、学生特征），并阐述了每种教法所要实现的预期目标。

表1　《关注我们的人文环境》说教法

教学环节	教学方法	教学手段	预期目标
课堂导入	情境法	音乐	引导学生走入人文环境
第一环节	问题讨论法	板书	让学生懂得人文环境反映了一个民族的历史积淀
第二环节	任务型教学法 问题讨论法	板书	让学生懂得人文环境反映了一个城市的历史和文化
第三环节	多媒体演示法 暗示点拨法 问题讨论法	视频	帮助学生理解人文环境对人的素质提高有培育熏陶作用
第四环节	迁移过渡法 问题讨论法		激励学生从自身做起，为创建良好的人文环境出一份力

案例3-12　《关注我们的人文环境》说课稿[1]

本课教学基本采用了问题讨论法，通过问题的层层深入探讨从感性到理性、由浅入深地落实每个知识点，有机渗透民族精神教育。课堂教学中问题的展开都是以学生发言为主，教师做好引导和点拨，注意学生主体性和教师主导性的结合。教学策略上考虑到动静结合，既有美妙的音乐又有丰富的视频，既有个人的思想又有集体的讨论，使教学显得生动活泼。具体过程如下：

课堂导入：印度和中国古代的两首特征鲜明的音乐响起，让学生走进世界四大文明古国。从文明古国给人们留下了文化瑰宝引出什么是人文环境，导入课题。

第一个教学环节：本环节主要落实教材中第一个知识点，让学生懂得人文环境反映了一个民族的历史积淀。教学以前面导入部分为基础，通过一个思考题自然过渡。思考题是这样的："四大文明古国中，只有中国的文明没有断代。那么在五千年

[1]　初二上学期思想品德《关注我们的人文环境》说课稿 [EB/OL]. http://www.ynpxrz. com/n40102c1158.aspx, 2009.8.14.

的中国历史中哪些文化古迹给你留下了深刻的印象？为什么？"这个问题是让学生从文化古迹追溯历史，懂得人文环境是一个民族的历史积淀。教学中教师特别要注意及时引导，总结学生发言，比如长城既凝结了中华民族的智慧又体现了中华民族抵抗侵略、顽强拼搏的精神。在学生的发言过程中教师要引导学生充分发掘人文环境中蕴含的民族精神，有机渗透民族精神教育，激发学生的民族自豪感。后来教师总结这部分内容，提炼知识点并板书：人文环境反映了一个民族的历史积淀。

第二个教学环节：本环节主要落实教材中第二个知识点，让学生懂得人文环境反映了一个城市的历史和文化。教学以一段视频自然过渡，视频资料充分利用了学校外籍学生资源，讲述了班级的韩国学生希望有同学带他游览上海，了解上海。从而引出这一教学环节的课堂活动——"我带大勋游上海"。要求学生班级的异国同学设计一条上海一日游的路线，让韩国同学从历史、文化、现代化建设等不同角度了解上海，并说明设计的意图。设计过程中，让学生充分利用一两本已学过的乡土教材，从中选择出最具有代表性的旅游景点，同时可以让学生参考书本的解释或者根据自己掌握的知识来说明所选景点代表了上海的哪些历史和文化，这个活动设计，是希望学生通过回顾上海历史和现代化建设，懂得人文环境体现了一个城市的历史和文化。教师在学生发言的过程中要注意引导学生从历史、文化、现代化建设等不同角度寻找景点，也可以提示学生从身边最熟悉的区域内寻找一些有价值的地方，比如卢湾区的一大会址等。活动结束后，教师总结这部分内容，提炼知识点并板书：人文环境反映了一座城市的历史和文化，着重领悟上海是一座具有光荣革命传统的城市。

第三个教学环节：本环节教学主要帮助学生理解人文环境对人的素质提高有培育熏陶作用。教学从上海现代化建设体现的高度、速度和深度，过渡到洋山深水港建设的一段视频。视频集中讲述一组洋山建设者不畏艰险、舍小家为国家的感人事迹，很具代表性和感染力。根据视频内容提出两个问题。

问题一："看了这段录像你有什么感受？"目的是让学生总结洋山精神的内涵，体会到洋山精神的可贵，理解这种精神就是一种无形的人文环境，引出人文环境分为有形、无形两种。

问题二："如果你是处在洋山建设者的这种人文环境当中，你会以一种怎样的精神面貌来面对学习和生活？"目的是让学生理解良好的人文环境对提高人的素质有培育熏陶作用。这一问题的回答，教师特别要做好学生各种回答的应对准备，比如可能有学生认为"大家都奉献，我就乐得享受，何苦这么累呢"。此时教师要做好引导，不能刻意回避，可以从有助于个人发展的"个人与集体的关系"来引导学生走出认识误区。

第四个教学环节：本教学环节是第三个教学环节的延续。因为第三个知识点既是本课重点也是课本难点，所以有必要展开深入讨论，在理解人文环境意义的基础上，激励学生从自身做起，为创建良好的人文环境出一份力。教学从洋山建设的总结自然过渡到上海"海纳百川、追求卓越"的城市精神。过渡语言如下："洋山深水港的建设不仅是上海建设者的功劳，也与浙江以及全国各地的建设大军密切相关。没有全国的帮助不会有现在的洋山。"为了引导学生领悟"海纳百川、追求卓越"的城市精神，接着提出课堂讨论题："学习生活中我们如何来具体体现'海纳百川、追求卓越'的要求？"这一讨论有一定难度，但是很有行为指导意义。通过讨论，可以让学生明白在学习生活中，我们要用实际行动继承发扬上海城市精神，为创建良好的人文环境出一份力。

讨论发言过程中，教师可以适当引导这样几个方面：①海纳百川要有博大的胸怀，取百家之长。所以生活中要心胸开阔，有宽容之心。②要能虚心听取别人的意见；能够以诚挚的心帮助身边需要帮助的人。③学习上要博采众长，扩大自己的阅读面，学习不同的知识，开阔自己的视野，博学才能专攻。④做人要自信，有勇气追求卓越，这里也可以联系初二语文教学中的《少年中国说》。要敢于尝试,不怕别人笑话等。

通过学生的发言,教师适时地引导归纳,让学生充分理解良好的人文环境能提升我们每个人的素质,同时也让学生感受如何在实际行动中继承和发扬上海城市精神,共同努力创造一个更加美好的人文环境。

总结全课:在音乐声中,以优美的语言结束全课。

案例3-13　《It's important to have a heal》说课稿[1]

新课标强调应培养学生的情感,激发兴趣,重视培养学生的听说能力。针对小学生爱玩好动的年龄特点,要把课堂教学组织得生动活泼,突出趣味性,使学生在轻松愉快的气氛中习得语言。因此采用了以下教学方法:

1.直观教学法:充分调动学生的各种器官,在动脑、动手、动口等活动中轻松感受语言,运用语言。

2.情境教学法:创设情境,启发学生触景生情、有感而发、由景生言。

3.任务型教学法:引导学生思考,积极完成任务。培养学生的自主性和创新意识。

4.优质评价法:注重了过程评价对学生发展的作用。课前,分别给各小组以运动的单词命名,小组竞赛活动贯穿整节课。这样就联系了所学知识,又将形成性评价与终结性评价结合起来。

(三)要说清运用何种方法突出重点、突破难点

合理选择和灵活应用各种方式方法突出重点和突破难点,是说教法最主要的内容。突破重难点也是教师在课堂教学中必须掌握的教学艺术。突破重难点不仅对提高教学质量有着直接的重要的作用,也是衡量一个教师教学水平和专业素质的

[1] 鲁教版九年级英语说课稿 Unit 10《It's important to have a heal》说课稿[EB/OL]. http://www.docin.com/p-248697983.html, 2011.8.24.

重要标志,是教师必备的技能。那么,选择什么教法才能有效地突破重难点呢?

二、突出重点、突破难点的教法

(一)突出重点的教法

所谓重点就是教材中的中心内容,这些内容对于教材其他知识的学习起着主导作用,是以后学习的基础,是教师必须讲清、学生必须掌握的知识。在课堂教学中,一方面,教师必须认真研究和准确把握教学的重点,讲清每册、每单元、每课、每小节中的基础知识和基本技能;另一方面,要能够采用适当的教法突出重点,这样才能使学生真正掌握。因此,教师在说教法时,须说清如何突出重点,这也是实际说课中教师往往很容易忽略的一方面。为突出教学内容的重点部分,教师一般主要采用以下方法体系:讲授法和口头强调相结合,讲授法和重点启发相结合,讲授法和板书提示相结合,讲授和实践应用相结合,通过这些方法来突出重点,有利于增强学生对教学重点的刺激,学生接受刺激,了解和把握了教材的重点,更有利于他们有针对性和目的性地学习。

案例3-14 《琵琶行》说课稿

《琵琶行》是H版高二第一学期的第一篇传统篇目,是我国古代叙事诗中的优秀篇章。本单元的教学重点是思路探索,通过对作品联想与想象的分析,来把握作品的脉络,感受人物形象,理解感情意蕴。而《琵琶行》又是古诗,在教学中有针对性地指导学生鉴赏诗歌很必要。对此,我把教学重点设定为:(1)体会诗歌的艺术特点,提高诗歌鉴赏水平;(2)体会文章的情感与内涵。在具体教学中,又把它细化为:学习并鉴赏描摹音乐的方法,体会景物描写的渲染环境与烘托人物情感方面的作用,体会音乐入耳、入情之美;领会天涯沦落的感伤和含意。

案例3-15 《口技》说课稿[1]

武霞老师是陕西省神木县锦界九年制学校的一名语文老师，针对本校学生全都来自本县地域偏远、文化薄弱的各个乡镇，基础差、底子薄，习作困难的情况，武老师将《口技》一课的教学重难点定在让学生感受、学习"叙事有条理、行文有波澜"和"正、侧面描写相结合来突出中心"这一写法上，把教授写作方法作为课堂教学实施的重点。她的说课稿是这样解说施教点的：

重点之二，也是本文的难点："叙事有条理、行文有波澜"和"正、侧面描写相结合来突出中心"这一写法。言此依据还应从本文的艺术特色说起。

记叙中有缓有急，时而让人轻松，时而让人紧张，情节跌宕起伏，曲折有致。正、侧面描写相结合，既注重表演的内容，又没有忘记刻画听众的反应，使人如临其境，如闻其声，收到较好的艺术效果。这一切的一切都归结为作者高妙的写作技法这一问题。本届学生全都来自本县地域偏远、文化薄弱的各个乡镇，且是各乡镇基础差、底子薄的学生，语文教师不难发现学生最苦恼、最害怕、最烦闷的就是作文。如何想一个行之有效的办法，找一条平坦无阻的捷径，来突破这一关口，是许多语文教师和众多学生的共同心声。常言道"授人以鱼，不如授人以渔"、"教是为了不教"。这就要求教育者传授给被教育者捕鱼的方法。作文又何尝不是这样呢，作文素材、文化知识固然重要，但方法亦不可忽视呀！

(二)突破难点的教法

教学难点是针对学生的接受程度而言的，是那些比较抽象、离生活较远或过程比较复杂、大多数学生难以理解和掌握、容易发生错误的内容。突破教学难点，就是教师针对教学难点采用适当的方法认真讲解和指导，通过点拨引导学生启发和思考，最终使学生理解和掌握。为了突破教学难点，教师更应针对其产生的不同原因，采取不同的方式方法和手段加以突破。教学中选择恰当的教学方法突破教学难

[1] 武霞. 新人教版必修3高中语文说课稿[EB/OL].http://www.5156edu.com/page/09-02-27/43539. html，2009.2.27.

点，是优化课堂教学、提高教学质量的重要方面，也是广大教师必须掌握的教学基本功之一。突破难点的方法有很多，但是采取哪些有效的方法才能化复杂为简单呢？主要的有以下8种：

1. 集中一点法。所谓"集中一点"，就是通过许多问题的讲解集中解决一个主要难点。

2. 化整为零法。化整为零，把一道难题划分为几道小题，先逐步解决小问题，大问题也就解决了。

3. 架桥铺路法。有些问题比较难，学生一下弄不懂，可以设计一些铺垫，通过架"桥"铺"路"，帮助学生突破难点。

4. 提问助答法。把教学难点化解为问题形式，通过提问、助答等方法，帮助学生解决难点。

案例3-16　《光的反射》说课稿[1]

"光的反射"属于几何光学中很重要的一部分，也是生活中常见的现象，光的反射定律是解释这些现象和解决有关技术问题的基础，学习它有很重要的意义。这一节课的教学重点是光的反射定律，而难点呢？从我这几年的教学来看，应该是镜面反射和漫反射的要领。

根据本节课的教材内容和编排特点，为了更有效地突出重点、突破难点，按照学生的认知规律，采用提问助答法进行教学。师生做适当归纳或总结性的讲解，最后进行巩固练习。通过这种教法，引导学生充分提出问题并充分讨论问题，充分体现学生的主体性，教师只是学生学习的指导者、活动的组织者。

---

[1]　人教版八年级物理说课稿《光的反射》说课稿[EB/OL].http://www.doc88.com/p-638738139666.html，2011.8.10.

从日常生活递进，回到刚刚的小镜子问题，若要既迅速又准确地将太阳反射到某个开小差的同学脸上，而不影响其他人，问学生，不知道光的反射规律能行吗？再讲一个爱迪生小时候的故事，他在晚上用镜子反射蜡烛的光帮助医生为母亲做手术，说明掌握光的反射规律的重要性。那么规律到底是什么呢？

1.引导学生实验探索

这是本节课的重点，需要18分钟左右。

根据学生的特点，为培养学生探索精神和实践能力，将学生分成两个小组，采用小实验方法，用一些常用的物品来做器材，在他们课桌上配备有：小实验套餐工具盒，里面有许多有用的小东西，如锡纸、梳子、白纸板、牙签、学习光的直线传播时动手做的点光源(在手电筒上)，另外还有一个初中物理学光实验盒，里面有直线光源两个、小镜子等光具，盒盖上盖有量角器，有磁性，可固定小光具在上面，很多学生有激光笔，也请带来。

实验过程中，学生先做，后引导他们做最后总结。为了突破重点，以下几个问题要特别处理：

(1)学生好玩，难以控制。采用比赛方式，看哪组最先发现规律，给予奖励。奖励记入个人物理学习档案。

(2)评价他们发现的任何一条规律。例如，入射线改变，反射线改变；两线与镜面夹角相等是正确的规律。

(3)交代法线的定义，是物理上为了研究的方便而引入的，体现物理的研究方法。

(4)法线要垂于反射面，这个难点通过"法官"的公正性来类比进行突破。

(5)入射角和反射角容易与两线镜面的夹角混淆，可以通过"违法"来类比进行突破。

(6)揭示定律和规律有区别。

(7)将光的反射定律概括为口诀"三线共面，法线居中，两角相等"，便于记忆。特别提示，反射角等于入射角的因果关系。

(8)特别提出学生通过实验得出的另外的一条规律：光路是可逆的。

2.形象动感模拟

其目的是检测掌握的程度，及时反馈，加深理解和记忆。我先示范，后学生监督表演，突出法线居中，入射角、反射角的定义和两角关系。时间：3～4分钟。

3.学会应用

(1)举例说明(用多媒体模拟演示)。香港汇丰银行大厅的采光系统介绍，强调利用光的反射，提示两种面的反射情况不同，以后再学习。

(2)潜望镜。这是潜水艇中所用，要求课外根据这个原理制作一个人在低处但能看见高处东西的潜望镜，以便在有的场合使用。例如，大游行或某特殊人物来了，你看不到就利用它，说不定制作一大批，还可以卖出去！

(3)光导纤维。光线在一根管中不断反射后出去，这点比较抽象，可看实物(街上买的繁星点点的装饰物)。先演示底座产生彩色光线，然后观察从每个管子中射出，每一根都是光导纤维，医院用的胃镜就是利用这种材料。演示完就要收起来，否则会分散学生的注意，课后可以让他们仔细观看。

5.迁移过渡法。运用已学过的旧知识，通过知识迁移，帮助解决教学中的难点。利用已学过的旧知识，巧妙过渡，难点就很容易地解决了。

6.暗示点拨法。课堂教学中，学生思维经常容易受阻或产生偏差，教师应及时反应并抓住症结所在，巧妙地进行点拨，就能使学生在理解知识的迷茫困惑中豁然开朗。

案例3-17 《生命 生命》说课稿[1]

一、说教法

《语文课程标准》强调，阅读教学是学生、教师、文本之间对话的过程。如何将这三者之间的对话落到实处？对于高年级阅读教学，感悟品味是我们在课堂教学中常使用的方式。因此，在本课中，我准备抓住桑娜内心活动的变化这条情感线索，采用启发质疑、以读促悟、层层深入的方法引导学生领会文章的内涵。

二、导读赏析，品味语言

学生默读课文，找出写作者感受的句子，画下来，体会体会，在书上做上批注。交流读书的体会，教师相机点拨、引导。首先交流"飞蛾求生"的小故事中，作者的感受是什么？

"但它挣扎着，极力鼓动双翅，我感到一股生命的力量在我手中跃动，那样强烈！那样鲜明！"在学生交流完自己的体会之后，教师适时引导："你是从哪些词语体会到飞蛾那强烈的求生欲望的？"（引导学生回归文本，找出关键词语——极力鼓动双翅）再通过动作表演，比较体验。鼓动双翅和极力鼓动双翅有什么不同，学生一下子感悟到，"极力"这个词，生动地刻画了飞蛾求生的强烈渴望。当然，教师并不满足于此，而是进一步通过换位体验，引导学生思考："飞蛾外表那么丑陋，又是那么渺小，它何必苦苦挣扎呢？如果你是那只飞蛾，你会怎么想？杏林子看着手中的极力挣扎的飞蛾，她又会怎么想？"从以上两处巧妙的点拨，不难看出，老师正在引导着学生从文悟情到体察作者杏林子的情，实现了文本的情、作者的情向学生

---

[1] 人教版小学四年级下册第五组《生命 生命》说课稿[EB/OL]. http://teacher.yqedu.com.cn/tresearch/a/141400952cid00048, 2010.4.17.

的移情。再如，研读"作者静听心跳"的事例中，出示写作者感受的句子："我可以好好地使用它，也可以白白地糟蹋它。一切全由自己决定，我必须对自己负责。"畅谈体会之后，教师的引导同样体现在扣紧关键词语，引导加深体会。(1)扣紧"糟蹋"、"好好使用"，联系课文说说，怎样是白白糟蹋？怎样是好好使用？(2)教师进一步点拨："杏林子全身瘫痪，她如何珍惜生命、对自己负责的呢？"随即出示杏林子生前笔耕不辍、出版的系列作品，进一步验证怎样是好好使用生命。(3)入情入境朗读，读出对生命的感悟。

7.动手操作法。学生学习书本知识，一般来说是从感性知识开始，然后由感性过程过渡到理性，教师如能抓住这一点，有目的地给学生做演示，让学生动手操作，便可以有效地突破难点。

案例3-18 《坐井观天》说课稿[1]

一、教学重点、难点

课文四至七自然段青蛙和小鸟的对话是教学的重点。理解"坐井观天"的寓意是教学的难点。

二、创新点

为突破教学难点，让学生创造性地学习，可采用以下方式来培养学生自主探索的能力：(1)图文结合，理解词意，学生模仿动作，理解词意；(2)做实验，体验"观天"。学生用纸圈成筒体会青蛙之所以认为"天只有井口大"，是因为高高的井壁挡住了它的视线，从而揭示寓意；(3)借助情境，动画演示小鸟漫游，体会小鸟见多识广；(4)设计"跳出井口"，启迪学生创造性地想象，深化认识。

---

[1] 《坐井观天》说课稿[EB/OL].http://wenku.baidu.com/view/400eb381bceb19e8b8f6bae5.html，2012.10.11.

三、突出重点，解决难点

(1)通过动作表演理解课文；(2)通过卷纸筒"观天"，懂得青蛙认为"天只有井口大"的原因。

8.多媒体演示法。根据学生的感性认识的特点，利用多媒体，把不易理解的难点展示出来，使学生的第一信号系统与第二信号系统同时发挥作用，这样就能更有利于教学难点的突破。

案例3-19　《点到直线的距离》说课稿

教学重点、难点

为更好地完成教学目标，本课教学重点设置为：

【重点】(1)点到直线的距离公式的推导思路分析；(2)点到直线的距离公式的应用。

【难点】点到直线的距离公式的推导思路和算法分析。

【难点突破】本课在设计上采用了由特殊到一般、从具体到抽象的教学策略。利用类比归纳的思想，由浅入深，让学生自主探究、分析、整理出推导公式的不同算法思路。同时，借助于多媒体的直观演示，帮助学生理解，并通过逐步深入的课堂练习，师生互动、讲练结合，从而突出重点、突破教学难点。

案例3-20　《灰雀》说课稿 [1]

根据教材的特点和学生的实际，确定本课的教学目的为：(1) 学会本课生字，着重理解"欢蹦乱跳、自言自语、可惜、坚定、果然"等词语，联系上下文读懂文中

---

[1]　义务教育课程标准实验教材三年级上册第二组第五课《灰雀》说课稿[EB/OL].http://www.jpcai.com/html/y3_666_20091108/7937716810009.html, 2009.11.8.

的句子；(2) 有感情地朗读课文；(3) 教育学生做诚实的孩子，知错就改，并注意保护鸟类。教学重点是联系上下文读懂课文中的重点词句，难点是感悟列宁是如何用爱心启发、感染男孩放鸟归园的。教学时间为两课时。第一课时的教学任务是初读课文，了解课文大体讲了一件什么事，引导自学生字，并且学习第一自然段。第二课时的教学任务是引导学生读懂第二部分和第三部分课文内容，通过联系上下文读懂重点词句，感悟列宁那含而不露的拳拳爱心。

巧用多媒体，激趣导思，突破难点。多媒体技术能够把文字、图像、动画和声音等运载信息的媒体结合在一起，通过计算机进行综合处理控制，在屏幕上进行有机组合，从而完成随机性交互式操作。运用多媒体技术辅助教学，能大大提高教学内容的感染力，激发学生的兴趣，促进学生的思维训练，使学生在情感上和行为上积极参与学习的全过程。

在本课时的教学过程中，当"列宁又看到那只灰雀欢蹦乱跳地在枝头歌唱"这一动态画面出现在学生眼前时，他们会为之惊喜，仿佛自己也来到白桦树下，看到了灰雀欢蹦乱跳的身影，听到了灰雀悦耳的歌声，喜爱灰雀之情油然而生。这么惹人喜爱的灰雀果然回来了，这是因为男孩知错改错把它放回来的，而男孩之所以知错改错是因为列宁对灰雀充满了喜爱之情，对男孩充满了爱护之心。这种仿佛身临其境的感知，会让学生情不自禁地为灰雀的归来而高兴，为男孩的诚实而高兴，在不知不觉中感悟列宁对灰雀的爱，对男孩的爱，从而突破教学的难点。

总之，在教法的选择上，我们要注意"教学有法，但无定法，贵在得法"。在说教法的活动中，教师要"因理选法"、"据理说法"、"灵活用法"。通过说教法，不断提高自身的专业素质，加强教育教法的研究，逐步掌握说教法的艺术。

第五节　教师说教法的技巧

说课是教师之间开展的一种教学研究活动，其对象主要是同行教师、评议者和教学专家等。教师要形成说教法的艺术，除了掌握说教法的途径和方法外，也需了解说教法的一些技巧，这样才能说"清"教学方法的选择和运用，并为同行教师、评议者、教学专家所接受。

一、说教法要"实"

"实"即"从实际出发"。教师在说教法时，一方面，要考虑到教材的实际、学生的实际特征、教学实际环境、教学目标等因素，以这些为出发点，从这些因素出发，在一定教学目标的指导下，有效地利用现有教学环境，分析和把握教材内容，遵循学生的年龄特征和个性特征，即"因课施宜"、"因材施教"。如此，在课堂教学活动中，教师才能选择恰当的教学方法，教师教和学生学才能有效进行，教师和学生才能共同发展；另一方面，教师说教法时要坚持理论联系实际的原则，用科学的理论分析和指导教法。说教法中说"理"时要说得具体并能够令人信服，要具有科学性、实用性与可行性，不能为理论而理论。实际说课中，有的教师往往生拉硬拽一些假大空的理论，却不对理论展开具体论述，如教育学、心理学、信息论、课程标准……这些没有实际内容放入教条式的空话是无法使听者信服和接受的。

二、说教法要"新"

"新"即创新。一方面，教师在选择教法时，要敢于打破以往的守旧模式，改变传统的单调无味的教学，要让自己的课堂"活"起来，能够激发学生的学习兴趣和提高学生的学习效率。如在教学中加入现代化信息技术的使用，合理地使用网络资源，把我们以及学生的大脑和电脑完美地结合起来，提高课堂中教师教的效率和学生学的效率。因此，教师要不断加强自己的教学科研能力，善于研究和创新教法，为促进教法的理论创新和实践改革提供力量。另一方面，教师在解说教法时也要"新"。教师在说课时，面对的是和自己有着相同或相似职业的教师、专家，要使他们对你所采用的教法心服口服，只有创新说教法，不能一味单调地讲授叙述，要打破"一块黑板、一支粉笔、一张嘴巴众人听"的灌输性的传统教法，而要构建新型教学模式，能够充分调动听者的主动性和积极性，促进他们思考。如采用一些直观教具或使用多媒体设备等。

三、说教法要"选准"

"准"就是我们常说的"瞄准了，别跑偏了"。教师要想"说好教法"，必须先使教法"瞄准"，不能"脱轨"。这个"轨"就是教学思路，教学思路是教师课堂教学中内在的教育教学思想的具体体现。教师说教法时不能脱了"教学思路"这条轨道，否则"跑偏了"，教法也就乱章了。说教法的方式方法有很多，需要因人制宜、因材施"说"。但无论采用哪种方式，都必须沿着教学思路这一条轨道行驶，只有这样才不会让"说"法脱轨，才能切实保证说"成"教法、说"清"教法。

四、"说"点要找准

一定要记住，说课的对象不是学生。这些听众可能是评委、本学科教师、教育行政部门评价人员。但无论怎么样，这些听众都会竭尽全力站在学生的角度去审听你所说的课，去审视你说课的一字一句以及你的一举一动。这里当然包括教学方法的采用、教学重点的突出、教学难点的突破。因此，教师要置身于听众的思维与学生的立场的交汇处，站在备课与讲课的临界点，变换"说"位，编写"说"案，研究"说"法，找准"说"点。

五、说教法要"活"

一方面，教师在选择教法时，应"一法为主，多法优组"，灵活地选择教法，并把多种教法优化组合，形成一定的方法体系，更有效地实现课堂教学目标。如语文阅读教学采用的教学方法主要应是讲读法和谈话法，但情境教学法、读书指导法等方法往往贯穿于教学设计的每个环节。另一方面，教师说教法时不用机械地遵循先说教材后说教法的顺序，也可先在教学程序中介绍教法的运用，再在教学程序后说明运用了哪些教法以及选择、采用这些教法的理论根据。

案例3-21 《让世界充满爱》说课稿[1]

一、说教法

列宁曾说过："没有人的情感，就从来没有，也不可能有真理的追求。"通过对新的音乐课程目标的解读，我们明白"进行情感渗透，丰富学生的情感体验，培养学生的审美情趣，培养学生的美好情操，健全学生的人格，提高学生的全面素质，是音乐课最核心的目标"。所以，本节课旨在让学生理解爱、感受爱、表达爱。

本节课的内容涵盖面比较广，学科综合性较强，课堂教学要贯彻"一法为主，多法配合"的原则。浅层次的、属于识记层面的知识要点要求学生通过预习、复习锻炼其自学的能力，激发他们自主探究的学习热情，如歌曲的创作背景、词曲作者的介绍等。深层次的、属于理解运用层面的技能要求他们通过小组合作、比较分析等学习方法进行探究学习，如《让世界充满爱》和《欢乐颂》两首歌曲在音乐构成元素上的对比、音乐在表达情感上的作用等。

---

[1] 人音版八年级音乐上册教案《让世界充满爱》说课稿[EB/OL].http://wenku.baidu.com/view/dd7b586da45177232f60a250.html, 2011.12.1.

二、说教学程序

1.创设情境,导入新课。第一板块:凝结的爱。

播放:(1)伤心的记忆(十二张照片,背景音乐为反映二战题材的美国影片《辛德勒的名单》插曲);(2)不懈的追求(十二张照片,背景音乐为著名萨克斯演奏家肯尼金的《生命之喜悦》)。

提问:看过这一组照片之后,你想到了什么?听完这一段音乐之后,你有什么感受?这段音乐旋律的主奏乐器是什么?

[教学设想:通过强烈的对比欣赏让学生体会不同音乐风格给人带来的不同的情感享受,也为接下来的课堂教学做铺垫。]

2.讲授新课。第二板块:流淌的爱。

(1)欣赏歌曲《让世界充满爱》(第二部分)。

(2)请学生谈一谈自己所认识、了解的郭峰。(教师参与讨论并适时点评学生观点。)拓展:郭峰的另一部力作《有你有我》、罗大佑的《明天会更好》、汉城奥运会会歌等。

(3)教师钢琴弹奏歌曲旋律,要求学生轻声跟着视唱并用手划拍(4/4拍子)。教师与学生共同探讨歌曲旋律的重难点。针对个别节奏进行讲解,提醒学生注意音准,唱足每个乐句结尾的四拍,并注意把握4/4拍子的节拍规律(强、弱、次强、次弱)。请学生到黑板上画两小节的旋律线,加强乐感的培养。教师针对个别点评。

(4)学生根据音像资料模唱歌曲,教师在关键处以指挥提示节奏。

(5)请学生简单概述歌曲的思想内容,讨论用什么样的情绪及方式来表达歌曲(演唱方式、器乐表演等)。

(6)钢琴伴奏,再次习唱歌曲。

(7)请个别学生依据刚才讨论的结果,进行表演,展示学生自己的视角,并给予鼓励。通过演一演、比一比,培养自信、勇敢、协作的态度。[教学设想:通过学唱歌曲,理解、感受《让世界充满爱》的内容及情感;加深相关音乐基础知识的理解与掌握。在对比欣赏中培养学生发散性的多角度思维能力,了解同一题材在音乐中的不同表现形式以及给人带来的不同的心理感受。在课堂表演中培养学生自信和创新的精神。]

3.加强感受。第三板块:飞翔的爱。

(1)学习用聋哑人的手语表达歌曲。(教师示范,学生跟做,可以请个别做得好的学生表演。不强调熟练程度,注重学生的感受与体会。)

(2)聆听《欢乐颂》(卡拉扬指挥的合唱版)。

(3)学生讨论回答,对比《让世界充满爱》和《欢乐颂》两首歌曲在速度、力度、曲式、情感方面的异同点。

(4)教师小结,音乐与情感的关系。

4.课堂小结,布置作业

今天,我们通过学习加强了对世界和平的理解和渴望,"爱·和平·友谊"是人类最美好的情感和永恒的追求,同时,我们也明白了音乐在传情达意中的巨大作用。当然,在短短的一堂课里,我们不能把这份爱说全说完整了,除了人类伟大的博爱,我们身边有的是更实实在在的亲情、友情和爱情。如《烛光里的妈妈》、《长大后我就成了你》等。

请同学们课后找一找以环保、和平、亲情、友情等"爱"的角度为创作中心的歌曲,并尝试唱一唱,下节课大家交流。

[教学设想:通过《让世界充满爱》和《欢乐颂》两首歌曲的对比加深本节课的

内容，完成具体的教学目标，进一步引申"音乐和情感"的关系，为学生今后更好地学习、理解音乐打好基础。]

　　教学方法的基本问题实际上是如何选择的问题。因此，说教法，实际上就是说教法的选择。教师面对众多的教学方法，哪些方法对自己当前的教学情境来说是最好的？这些方法又如何有机地结合在一起？这既是理论问题，又是实践问题。而合理选择教法、优化组合教法、在说课中说"明"教法正是说教法的艺术所在。

第四章 说学法的艺术

达尔文曾经说过:"最有价值的知识是关于方法的知识。"埃德加·安塞尔在《学会生存》中也说:"未来的文盲不再是不识字的人,而是不会学习的人。"教会学生如何学习是当前教改领域中的热点研究课题。现代教育对受教育者的要求,已经不再是"学到什么",更重要的则是"学会怎样学习",教学已从"教法"转向"学法"的研究,也就是要求教师不仅要对学生"授之以鱼",更主要的是"授之以渔",变教学生"学会"为"会学",即"授之以法,得之以效"。因此,教师说课在说教材的基础上说教法的同时,也须掌握说学法的艺术。

第一节 说学法的内涵

教学是教师的教和学生的学共同进行的活动,教师在课堂教学中起着主导性的作用,学生则是课堂教学的主体,教学活动应以学生为本。在教学过程中,教师有意识地主动传授给学生正确科学的学习方法是提高课堂效率的关键。教师要转换观念,做教学的组织者、引导者、参与者,把班级看成一个研究室,把学生从被动的接受者变成主动探究知识的探求者。学生的学法是教师教法的基础,教师要从改变学生的学习方法入手来改变自己的教学方法。教会学生学会学习已经成为课堂教学的重要任务。教是为了不教,学是为了会学,说教法与学法,实际就是要解决教师教如何为学生学服务的问题。在说课中,如果说说教法体现了教师的主导性的话,那么说学法则体现了学生的主体性。

一、说学法的含义

学法即学习方法，是学生为获得知识、形成能力、完成学习任务并达到学习目标采用的方式方法或手段、途径，既是学生获得知识和技能的手段，又是学生将知识转化为能力的桥梁。说学法要说出本课教学中教师指导学生学习和使用哪些学习方法及其理论依据。教师说学法时不能仅仅介绍学习方法，而且还要重点解说学法如何指导，也就是要说明学生应该"怎么学"和"为什么这么学"。此外，还要说清如何激发学生的学习兴趣以及调动学生积极性和主动思维；说出如何根据教学内容的特点和学生的年龄特征选择学习方法以及运用了哪些教育教学规律来指导学生学习的。教师要说好学法，首先必须深入研究学生，处理好课堂教学中的师生关系，重新摆正师生的位置。要改变陈旧的"我讲你听"、"你问我答"的教学模式。其次，要注意对某方法具体指导过程的阐述，如教师是如何进行教学设计的，学生在这样的教学活动中，养成了哪些良好的学习习惯，是否提高了学生学习的兴趣，培养了他们积极思维的能力等，即不但让学生"学会"，还要让学生"会学"、"爱学"。

二、学法指导的含义

学法指导是教学的重要内容，是改革教学的重要措施。学法指导从宏观上来说，包括四方面的指导：一般思想方法的指导及哲学方法的指导；一般学习方法的指导，是指导学生掌握多门学科都可使用的学习方法，如批注法；学科学习的一般方法指导，是指导学生掌握某学科的学习普遍使用的学习方法，如语文学习的读写结合；具体学习方法的指导。从微观上来说，学法指导就是学科学习过程中的具体学法的指导，是课堂教学中指导学生掌握学习环节中的各种具体的学习方法。包括制订计划的指导（如何确定学习目标、学习内容等）、有效预习的指导（预习时间如何安排、如何抓住重难点等）、高效听课的指导（如何集中注意力）、作业指导、复习指导、课外学习指导(自学、记笔记)、总结指导等。通过学法指导提高学生学习效率、增强自学能力、培养独立思维的能力，让学生不仅学会，而且会学，使学生成为学习的主人，使学生的主体性得到充分体现。

三、说学法的内容

说学法是说课环节中的第三环，也是最难、最关键的一步。教师在讲课时要充分尊重学生的主体性，教师讲课成功与否，很大程度上取决于是否使学生的主体性得到充分发挥。而教师说课水平的高低，很大程度上取决于说学法质量的优劣。总的来说，说学法的内容主要包括三个方面：一是说出学生宜采用或掌握的学习方法及其理论依据；二是说出对学生进行学法指导的途径及其依据；三是说出对学生进行这种学法指导的期望目标。期望目标主要包括：学法指导是否促进了学生良好学习习惯的养成？掌握了哪些学习方法？是否促进了学生的思维能力的发展？是否激发了后进生的学习兴趣？是否激发了学生的学习动机？

在实际教学中，说学法的落实并不尽如人意。一是许多教师对学法指导缺乏认知，不够重视。学法指导是说课中不可缺少的一个环节，需要教师具体说出各个环节的操作使用情况。有些教师在这个环节仅仅简单地提一下所使用的指导方法，至于教师是怎么启发学生的，具体是怎么操作的却一概以蔽之。还有一些教师仍把学法指导停留在教学内容的指导上，而不是学生学习方法的指导。他们往往简单地认为学法指导就是解答一下学生的问题或对学生进行一些简单的知识技能训练指导。二是相当多的课堂教学仍然把知识传授作为教学的主要目标而忽视学生学习方法的指导。教学模式上重"教"轻"学"，教学结果上重"结论"轻"过程"，教学方式上重"灌输"轻"启发"，教学目标上重"认知"而轻"行为、情感的发展"，教育对象的培养上，重"统一"轻"个性"等。三是教师往往主观缩减学生自主学习的空间。

这主要表现为教师的权威高于一切，对学生要求太严太死，课堂气氛过于沉闷，缺乏青春和生命活力。教师教多少，学生就学多少，长此以往，学生在学习上依赖性增强，厌学情绪明显，学习效率低下。许多教师仍然固守传统教学思想，而不敢打破传统模式。教师通过说学法，与其他教师、专家共同交流和学习，可以促使教师冲破传统思想的束缚，不断走向教法、学法科研创新之路。

因此，教师要学习和把握说学法的艺术，一方面不断更新教育教学观念，尊重学生的主体性，发挥学生的能动性，让学生主动地理解本节课的学习过程，而不能越俎代庖，代替学生的学习；另一方面结合教学内容，根据学生的年龄特征、认知规律以及学习习惯，采取相应的对策指导学生学习，有意识地培养学生的自学能力，促使学生学会学习，提高学习效率，最终达到"教是为了不教"的境界。

第二节 说学法的理论依据

说课中的说学法不但要求说明教学过程中采用的学习方法，而且要能够用相应的学习方法理论为其提供理论支撑；不仅要说明学法指导的途径和方式，还要能够明了学法指导的影响因素，从而有的放矢地对学生进行学法指导，促进学法指导的顺利进行。因此，教师掌握与学法和学法指导相适应的理论，使学法和学法指导"有理可据"，说学法"有理可说"。

一、学法选择的依据

一定的知识和技能要采用相应的学法才能习得。不同学生的学习方法不同，不同学科的学法也不一样，即使同一门学科，其不同方面、不同层次和不同环节的学法也不同。而学生的学习主要是在教学活动中进行的，必然受到教学活动中教学目标、教学内容、教学环境、教师、学生等的影响和制约。因此，学法的选择要考虑这些要素的影响作用，依据教学活动中的各类要素来选择学习方法。

（一）依据教学目标选择学法

教学目标是具体化和细腻化了的教学任务，是教师和学生从事教学活动的指南和出发点，对学习方法的选择起直接的指向性的作用。教学目标从纵向来说包括学期的目标、单元的目标、课时的教学目标，从横向来说包括认知、情感和动作技能这三个领域，每个领域又分为若干个层次。不同时期、不同领域、不同层次的教学目标需要选择不同的学习方法。例如，如果教学目标强调知识的接受，则可相应采取预习法、复习法等以课堂学习进程的特点为标准的学习方法；如果以学生掌握动作技能为主要教学目标，可以采用以操作技能为主的学习方法。教师要能够掌握相应的教学目标分类知识和方法，把教学中总的抽象的目标分解转化为具体的可操作性目标，并依此来选择和确定学生应该采用的学习方法。

案例4-1　《再见了，亲人》说课稿

教学目标

小学语文教学大纲对高年级学生阅读能力训练要求中明确提出："要能理解主要内容，领会有一定内涵的词句，体会作者表达的思想感情，并有自己的见解，能领悟作者的一些表达方法。"因此，在教学目标的设置上，则强调"突出教材要求"、"突出学情特点"的两个原则。充分考虑本单元教学目标的要求和我班学生具体实际的情况，依据课文"训练重点"和"预习提示"，我是这样制订本课第二课时教学目标的：

（1）阅读课文，理解课文内容，体会中朝人民用鲜血凝成的伟大友谊，从中受到国际主义教育。

（2）运用抓住课文的主要内容、从内容中体会思想的读书方法，练习体会作者是怎样表达思想感情的，体会作者的一些表达方法。

(3)联系上下文理解重点词句的意思；了解同一内容说法的句子表达效果的不同。

(4)有感情地朗读课文。

说学法

为了扭转"讲"和"问"的状况，在本节课中则采用"读"和"思"的方法，把读的训练落实到实处。贯彻以"学生为主体，教师为主导"的教学原则，以学生自主、合作、探究学习活动为主，采取学生"读—思—练"、教师适时点拨的教学方法。

具体学法是：

(1)读悟法："体会中朝人民用鲜血凝成的伟大友谊"是教学的重点，也是学生难理解的问题。只有让他们多读课文，从读中理解内容，从读中体会出思想感情。这样才能正确地理解中心思想，了解作者是怎样表达中心思想的。

(2)读—思—练的方法：抓重点词句理解课文，做到读、写、练有机地结合在一起，让学生自己动脑、动口、动手解决具体问题。

(3)想象表演法：为学生创造口头表达的机会，鼓励学生主动参与、主动探索、主动实践。培养学生的创造能力，给予学生一个展示自我的空间。

(二)在课程标准的指导下，根据教学内容选择学法

教师要选择适合学生的学习方法，就必须对教学内容进行分析，建构出教材内容的知识体系，确定本节课的知识点以及重点、难点。一方面，教师必须熟悉教育课程改革基本理念及教学实施建议等，能够在课标的指导下，根据不同学科性质的教材为学生采用不同的学习方法，学科的内容决定了一般学习方法在各门学科中的特殊形式。例如，对于只是需要了解的内容，可以采用学生自学法、阅读法；对于内容比较枯燥的内容，可以采用现场教学、表演法、讨论法；对于逻辑思维要求比较高的内容，可以采用发现法。

案例4-2　《金色花》说课稿[1]

深层品味诗句中所蕴含的思想感情是本节课的难点,我让学生通过自主、合作、探究的学习模式,深刻理解主题。

1. 过渡

同学们刚才朗读得非常棒,下面老师还有几个问题想和同学们共同探讨一下。

2. 出示课件,师生共同探究

(1)"我"为什么这么快乐?

(2)"我"为什么想变成一朵金色花,而且再三不让妈妈知道呢?

(3)作者为什么把"我"想象成一朵金色花?

(教师提示:金色花是印度圣树,开金黄色的碎花,象征圣洁而美丽。这时,学生不难得出,作者把"我"想象成一朵金色花说明我对母亲的爱是圣洁的、美丽的。)

板书:圣洁　美丽

教师明确:同学们对问题的理解都很透彻,下面老师想和同学们再次合作,一起把这首诗歌朗读一遍。

3. 师生合作,再次深情朗读全文

[设计意图:新《语文课程标准》指出,在教学中,学生应处于主体地位,教师是学习活动的组织者和引导者。因此,在此环节的教学中,我让学生通过共同探究,并适时加以引导和点拨,让学生更深刻地感悟到作品的内涵,既突破了本文的难点,又充分体现了学生是课堂的主人。]

4. 拓展延伸

(1)出示课件,提出疑问:同学们,生活中母爱无处不在,她像一股涓涓的溪流时时刻刻滋润着我们。泰戈尔笔下的孩子愿意变成一朵金色花来回报母亲的爱,如果你也具备了一种神奇的力量,可以随意变化,那么你想变成什么来表达你对母

---

[1] 高粱穗. 人教版七年级上册说课稿[EB/OL].http://zy.30edu.com/view.aspx?ID=05b6c3d8-d643-43ee-bd38-ff083e0425df, 2009.5.18.

亲的爱呢?

(2)学生自由回答。

(3)教师明确:同学们的想象真是丰富,老师相信如果你们的父母也在场,一定会深受感动,并为你们的这种行为深感自豪。现在请同学们结合对诗歌的理解及自身生活体验,齐读课文。

5.学生齐读课文

[设计意图:学生的想象力是丰富多彩的,新《语文课程标准》中指出,在语文教学中,应给学生搭建一个开放的、整体的、不断建构的教学平台,给学生留下丰富的想象空间,不要凝固学生的思想,这样才能激发学生的学习热情。此环节的设计既调动了学生的学习兴趣,又开启了学生无穷的思维空间,而且通过学生的内心告白,再次激发学生对母亲的深深爱意及回报之情。]

(三)依据教学环境选择学法

一方面,要适当地运用当地教育资源,如民族文化建设、历史文化遗产以及实习基地等,可以充当学习现场和参加实践学习的资源。另一方面,学校内部的教育资源,如实验仪器、图书资料、多媒体、电脑等教学设备以及教室、操场、实验室、活动室、科学室、音乐室等教学设施一定程度上制约着学生学习手段的选择范围,改变着学习方法的内容和形态。

(四)依据学生实际选择学法

学法是学生学习和掌握的方法,学法的主体是学生,因此,学法在选择上必须以学生为本,尊重和体现学生的主体性。首先,学法的选择要充分考虑不同年龄阶段学生的认知发展水平,根据现有认知水平选择适当的学习方法,才能保证学生身心健康发展。另一方面,要了解学生的学习习惯和学习风格。习惯是人们在长期的实践活动中逐渐形成的一种具有稳定性和系统性的心理和行为方式,学习习惯就是人们在长期的学习过程中逐渐形成的具有系统性和稳定性的学习心理和学习行为方式,是学生个性特征的重要部分。因此,学习方法的选择要按照因材施教的原则,为不同的学生选择不同的学法。学生注意力时间的长短、口语交际能力的高低以及个人的集体主义品质的优劣等都直接影响到学生学法的掌握和选择。

案例4-3 《荷叶圆圆》说课稿[1]

1.学生分析

夏天是孩子们的,欢乐是孩子们的,梦想是孩子们的。孩子们对夏天有一定的感性认识,知道夏天是炎热的,知了在树上唱歌;荷花展开了笑脸;小伙伴们穿上了汗衫和花衣裙,吃上了西瓜和冰淇淋……一年级的学生,已经初步认识了许多客观事物,能说出他们的名字和一些现象,还能简单地表达自己的意愿。但是,那仅仅是一些零碎的、不规范的语言,为了使他们正确理解运用语言,在课堂上必须联系他们的生活实际,创设他们熟悉的生活情景,帮助他们学习、积累、感悟语言。

我所执教的班级的学生喜欢阅读,对周围事物有好奇心,大部分学生能就感兴趣的内容提出简单的问题。部分学生有表达的自信心,能积极参加讨论发表自己稚嫩的见解。个别学生则缺乏自信,较为胆怯,学习的主动意识不够,对意愿的表达较为模糊。

2.定学法

根据我班学生情况、教材内容和学生的年龄特点、兴趣爱好以及认识水平,因此确定运用"自主尝试读—分角色读—自我展示读—创造性地读—师生合作读—分组合作读—表演练习说"的学习方法,使学生不但能领悟课文的情境和主要内容,而且能培养他们的熟读能力、想象力和表达能力以及团结合作意识。

---

[1] 陈琴.义务教育课程标准实验教科书语文人教版一年级下册第14课《荷叶圆圆》说课稿[EB/OL].http://wenku.baidu.com/view/71615204de80d4d8d15a4f3d.html,2012.7.21.

案例4-4 《渔舟唱晚》说课稿[1]

一、说教材

我今天说课的内容是古筝演奏课《渔舟唱晚》,《渔舟唱晚》是一首古筝独奏曲,也是近代古筝家娄树华在上个世纪30年代中期根据古曲《归去来辞》的素材加工改编而成的一首传统筝曲,表现了夕阳西照,湖面歌声四起,满怀丰收喜悦的渔民驾着片片白帆纷纷而归的动人画面。标题取自唐代王勃《滕王阁序》中"渔舟唱晚,响穷彭蠡之滨"的句子。在本课中,着重让学生主动参与弹奏中来,加深学生对音乐艺术的认识,增进对音乐艺术的感情。

教学目标:

1. 认知目标:熟悉乐曲及主题思想,初步了解中国传统音乐,通过教师的讲解和学生演唱、演奏乐曲主旋律,加深对乐曲各段的理解。

2. 能力目标:引导学生通过听、唱、讨论、联想、感受、演奏等方面来了解古筝的音色和表现力,促进学生个性自由和谐地发展,达到艺术熏陶与塑造人的目的。

3. 情感目标:通过对作品的欣赏,了解中国优秀音乐文化的悠久传统,培养学生对民族音乐的爱好和弹奏古筝的兴趣。

教学重点:了解古筝的音色和表现力,体验乐曲表达的情境和意境。

教学难点:让学生熟悉这首乐曲的基本演奏技巧。

二、说学法

学生是学习的主体,要让学生能主动积极地学习,选择方法是很重要的。从音乐教学的角度来看,高中学生的音乐兴趣取向表现出了多样化的特征,其音乐经验和音乐能力也得到了较大的丰富和提高。因此,他们需要通过多种形式的艺术实践

---

[1] 人音版初中八年级教材第三单元《渔舟唱晚》说课稿 [EB/OL].http://www.doc88.com/p-032414140687.html, 2012.4.25.

活动，提高自己的能力，也需要有意识地将音乐的人文内涵融入教学之中。在课堂中，我坚持"以教师为主导，学生为主体，师生互动、学生参与实践"的原则。在组织学习活动时，采用多种多样的学习方式，给学生以广阔的空间，让学生自己发现问题、解决问题。

（五）依据学法本身的特点选择

学法是指学生学习知识、掌握知识的方法和途径。不同的学习方法具有不同的特征。有人对目前国内主要的学习方法分类进行了总结，认为有五种分类法：其一，以学习进程的特点为标准的学习方法分类，即观察法、思维法、记忆法、技能形成法等；其二，以课堂学习进程的特点为标准的学习方法分类，通常分为预习法、听讲法、复习法、作业法等；其三，以各科学习特点为标准的学习方法分类，如语文学习方法、数学学习方法、外语学习方法等；其四，以学习类型特点为标准的学习方法分类，如模仿性学习方法、抽象概括学习方法、解决问题学习方法、逻辑推理学习方法、总结提高学习方法等；其五，以学习目标指向为标准的学习方法分类，如语言符号的学习方法、操作技能的学习方法、态度情感的学习方法、学习策略的学习方法等。将学习内容和学习方法对应起来，必定事半功倍。

二、学法指导的影响因素

学生的学习主要是在教学活动中进行的，要使学生理解和掌握学习方法，除了讲授列举关于学习方法的系统知识外，主要途径还是在课堂教学中渗透学习方法的指导。一般来说，影响学法指导的因素主要有以下七个：

（一）教师

教师是学法指导的主导者、组织者和设计者。学生的学习是在教师引导下进行的，教师对于教学内容、教学结构、教学目标等都非常清楚，学生学法的指导必须在教师的引导下进行。因此，学生学法指导必然要受到教师本人的影响。教师知识水平的高低、人品的优劣及人格特征对学生学习方法的掌握必然有直接的影响。而教师的师生观、专业素质和教学技能的高低对学生的学习兴趣和学习动机也有很大的影响。可以说，学法指导能否顺利进行，很大程度上取决于教师的教学艺术、交往艺术和学法指导的艺术。

(二)教材

教材是对人类优秀文化成果的反映，具有一定的知识性、逻辑性和发展性，蕴含了大量的学习方法因素，是学生学习的主要工具，对于学生学习是基础性的。没有教材，学法指导便是无根之木。教师只有分析和掌握教材的基本内容，深度探究教材中的隐性存在的学习方法，才能适当有效地指导学生理解和掌握学习方法，形成一定的学习习惯。学生也只有借助于教材，才能较好地习得学习方法。

(三)学习活动

方法起源于活动，活动场所和活动方式的不同必然导致学法指导的不同。学习活动的场所主要有教学楼、实验室、图书室、科学室等学校基本教学设施。学习活动的方式主要有师生活动、班级组织活动的方式、小组活动和个体活动等。活动场所范围和数量都在一定程度上影响和制约着教师进行学习指导的空间。而教师对活动方式的掌控能力以及学生对活动方式的接受程度也对学法指导的效率造成一定的影响。在学习活动因素中，起决定作用的是师生关系，它对学法指导的成功起到促进或阻碍的作用。

(四)学生的认知结构

认知结构是学生接受学法和形成学法的基础，也是进行学法指导的基础。教师在进行学法指导时，首先要充分了解和把握学生的认知结构和特点，其次在设计学习活动程序时也要考虑到其认知发展水平，这样才能使学法指导顺利有效地进行，学生才更容易接受和掌握学习方法。如初中一年级学生的理性逻辑思维还没有达到一定的高度水平，他们在接受学法指导时必须配以感性经验的直接支持。

（五）学习需要

学生只有具备学习的需要，才对学习方法的掌握产生兴趣，进而为实现其价值而努力学习，也就自然愿意接受学法指导，并会积极主动地去掌握学习方法。因此，教师在学法指导时要正确引导、激发和维持学生学习的需要，否则，没有需求，何来兴趣？没有兴趣，何来接受？更不用提掌握了。

（六）学习计划与组织能力

学习计划包括了学生的自我认识、计划、决策和解决问题等的能力。如果学生对自己没有足够的认识，缺乏一定的计划、决策和解决问题的能力，那么，学生对学习方法的掌握就是很困难的。

（七）非智力因素水平

非智力因素水平是指学生对学习方法掌握的兴趣、动机、意志和自信心的表现程度。心理学家认为，个体的非智力因素水平决定着个体事业的成败。就学生掌握学习方法来说，非智力因素水平是直接影响学生学习行为的决定性因素。

以上因素中，教师、教材、学习活动是影响学习指导的外部因素。知识结构和认知特点、学习需要、学习计划与组织能力、非智力因素水平是内在的因素。教师在进行学法指导时要充分考虑这些因素的影响作用，依据这些因素来确定学法指导的途径和方法的选择。

第三节　说学法的原则

在课堂教学活动中，说学法一方面可以说明怎样有效地组织课堂教学，另一方面也可说明如何指导学生掌握某种学习方法，并运用它来提高学习效率。而在具体的教学环节中，说学法一要说明在某个具体的环节中，学生应该采用什么样的学习方法，二要说明学生出现学习困难时，教师如何根据学生的特点、教材内容、教学目标等为学生选择一种恰当的学习方法，又如何指导其掌握这种学习方法而摆脱学习困难的。说学法是说课中最难的一环，也是最为关键的一环。说学法这部分质量的好坏很大程度上决定了教师说课的成败。教师要想说"好"学法，首先要遵守一定的原则，在遵守原则的基础上进行说学法，才有可能说"好"学法。那么，教师说学法应该把握哪些基本原则呢？

一、科学性原则

教师在说学法时，一方面，学法要符合学习相关理论，符合教育教学规律，学法指导要体现教师的主导性、学生的主体性、方法的教育性和理论的发展性；另一方面，选择学法的理论依据要准确、科学、具体，教师在进行学法指导时不能盲目填鸭式指导，而要根据科学的方法体系有针对性地对学生进行指导，这样才能使学生掌握科学的学习方法并能够灵活使用，提高学生的积极性和主动性，从而促进学生学习能力的提高以及良好习惯的形成。

二、自主性原则

教师说学法重在启发诱导，切忌一味灌输。"教是为了不教"，教师在教学过程中要引导学生开展积极的思维活动，发现问题、分析问题、解决问题，要充分调动学生学习的自觉性和主动性，让学生学会学习，学会创造。要鼓励学生主动参与，切忌一味地灌输，要给予学生充足的自主学习的空间和时间，切忌对学生要求太严太死。否则，学生会产生厌学倾向，失去学习需要，学习指导也就无法实施。

案例4-5 《再别康桥》说课稿[1]

前苏联著名教育学家苏霍姆林斯基在《给老师的一百条建议》里说："请您毫不犹豫地在课堂上挤出时间让学生主动掌握知识吧，那样将得到百倍的补偿。"根据这个建议，结合我们学生的特点，在学习过程中，我放手让学生充分感知课文内

---

[1] 人教版九年义务教育高中语文教材第一册《再别康桥》说课稿 [EB/OL].http://www.ht88.com/downinfo/177531.html, 2008.11.21.

容,主要运用以下学法:(课件)朗读理解法、质疑提问法、自主讨论探究法。让学生自己朗读课文,提出问题,共同讨论,达到教是为了不教的目的。

一、教学过程

为了让教法学法充分运用,实现教学目标,突出重点、突破难点,教学过程我从以下几方面着手:

(一)导语。有句话说得好,良好的开端是成功的一半。为了激发学生学习的兴趣,我从一部以徐志摩为题材的电视剧《人间四月天》的剧情介绍开始,播放主题歌,给学生全新的视听感受。这样便把学生的注意力集中起来,顺利地进入新课的学习。

(二)接下来就进入了教学过程的第二个环节,由《人间四月天》顺势介绍作者徐志摩的简要情况,课件展示作者的照片和康桥的优美图片,让学生熟悉诗人,对诗歌的内容有一定的感知。(课件)

(三)诗歌朗读。这一环节采用朗读法。先让学生自由朗读,再请学生欣赏配乐朗诵,让学生从中找出差距,把握这首诗的情感,同时扫清字词的障碍。然后教师范读,并进行诵读指导(注意音节、重音、基调),最后学生齐读。通过反复朗读,使学生对诗歌内容逐步地理解,同时又为下面对诗意的鉴赏蓄势。

(四)整体感知诗歌离而不伤、别而不愁的格调。在让学生诵读的基础上畅谈朗读体会。自古以来,离别总免不了沉重的愁绪,《再别康桥》是一场深情的离别,却透露出轻快的情调。为了便于学生准确把握,我从中国诗词中找了一些写黯然销魂的离别的诗句,让学生进行比较,从而体会这首离别诗不落窠臼的高明之处。(课件)这个过程解决了教学重点之一"领悟诗情,获得情感体验"。

(五)接下来安排的内容就是讲解教学的第二个重点——"三美"的品析。(板书:"三美")首先,分析诗的音韵、节奏和结构,体会"音乐美"(板书:美在语言——音乐美）；第二，抓住具体意象，体会"绘画美"（板书：美在意境——绘画美），这里既是教学重点，也是教学难点。那么我将怎么突出重点、解决难点呢？先给学生讲意象的含义，然后引导学生把握和品位诗中的意象。采用"探究法"，让学生分小组讨论交流：诗中哪些景物给你留下了深刻的印象？再让学生分析这些意象分别融入了诗人的哪些情感，进而体会诗人对康桥永久的恋情。在学生讨论后，鼓励他们大胆发言，对他们的答案适时肯定或点拨，真正做到苏霍姆林斯基所建议的"善于鼓舞学生，是教育中最宝贵的教学经验"。最后教师总结本诗的意象：云彩、金柳、水草、水波和星辉。（课件）第三，分析段落、句子，体会"建筑美"（板书：美在形式——建筑美）。我将这些内容作为本课的板书设计，因为它能够直观地体现本课的教学重点和难点。

（六）在讲完诗歌的内容之后，用多媒体展示一些康河的图片（课件），引导学生在课堂上进行背诵。

（七）为了拓展学生的艺术灵感，提高学生的诗歌鉴赏能力。我布置课外作业题：试和徐志摩的另一首离别诗比较赏析（课件）。要求学生讨论后下次课推举代表发言。

二、说教学理念

最后，说一说我的教学理念。我对"教学"的认识是：教学是教与学的结合，"教"是为了"学"，"教"应服务于"学"。因此，我在实践中努力遵循"以学为主"的教学理念。备课时我从学生的实际出发，想一想，对这篇课文，我怎样才能让每个学生都达到教学目标。在课堂上，做到"互讲互听"、"互启互发"，我的目标是让学生成为学习的主人。

三、灵活性原则

教师要依据学生年龄特征和认知结构，有的放矢地灵活指导，切忌千人一面、死搬硬套。要符合实际，灵活地根据不同层次的教学目标、不同性质的教学内容、不同年龄阶段的学生的不同发展特征选择不同的学法，在教学过程的各个具体环节灵活使用学法，并对各种教法进行合理配置、优化组合，从而提高课堂教学目标达成的效果以及任务完成的效率，提高学生课堂学习的兴趣和积极主动的思维，实现教师教和学生学的有机结合，最终促进教师和学生共同发展。

案例4-6　《China》说课稿

【教学策略及教法设计】

这节英语课教学以学生为主体，以训练为主线，以能力的培养为宗旨。学生是学习活动的主人，教师是学习活动的组织者和引导者。教师要努力创设多种多样的方式和机会让学生通过自主、合作、探究等学习方式进行学习，注重教与学的互动和生生互动。在教学过程中，教师要随时给予激励性评价（包括师生之间、学生之间和自我评价的方式）；要尊重学生的兴趣和独特的感受，将集体学习与小组学习结合起来。教学方法主要是采用听说法、任务驱动法、交际法和全身动作反应法等，使学生在教师的指导下，通过感知、实践、参与和合作等学习方法完成任务，感受成功。同时，要辅以录音机、多媒体教学等电教手段，充分利用网络资源，声音与形象有机结合，使教学更加明了、快捷、方便，从而让学生掌握正确规范的英语。

【教学过程设计】

按照上面的教学思路，结合小学英语的教学特点，根据现代英语教学理论，体现学生主体，关注个性差异，让每个学生在自己原有的水平上都有进步，形成适合自己的学习策略；开发个性潜能，使每个学生在英语学习中都能发现自己个性才能发挥的领域和成功点。我们倡导建构式的学习，努力运用学生主动参与、感知体验、探究发现、交流合作的学习方式，让学生在语言实际运用中感受成功的喜悦，调整学习英语的情感和策略,熟练语言技能,发展语言能力,使课堂真正形成"乐说"、"会说"、"能交际"的氛围。本节课分为以下五个环节:

1.创设情境,引入新课

"施之以教,贵在引导。"在与学生相互用英语问好、进行简单的英语交流后,我与学生共唱一首节奏明快的英语歌曲《It's a small world》,以此为学生创造一个轻松和谐的教学氛围,把学生带到英语学习乐园。兴趣是小学英语教学中最好的老师,而动画片则更能贴近学生的心理,激发学生的学习兴趣和欲望,所以接下来与学生共同观看动画片,从而引出China,当情与景交融之时,自然引入新课《China》。

2.主动探索,掌握新知

新课程标准建议英语教师的教学行为要从面向部分学生向面向全体学生转变;从重传授向重学生主动学习转变;从重语言知识讲解向重学生参与、感知语言学习过程转变;从重教师单向的输出向师生互动、生生互动的多向信息交流转变;从重单一的课本教学向开发利用课程资源,拓宽学生学习渠道转变。为此,在新授课部分,我利用多媒体展开教学,让学生在看动画、听英语故事的过程中逐步了解新单词及新句型的表达方式。然后,出示教学内容,在情境中出示新单词,使学生们掌握新单词发音。与此同时,进行新句型讲解:"What is the capital city of China? This is Tian'anmen Square / the Palace Museum."等。利用网络资源进行快节奏的游戏式的操练,以词代句在句中操练新词,在学生们掌握此句型的基础上,让学生自编新句型。两人一组进行合作式练习,加深学生对单词及句型的理解与记忆。在这种情境练习中,教师给了学生实践的空间,使学生的知识不断巩固,技能逐步形成,同时,突出了语言的交际特点,培养了学生运用语言的能力及创新品质。

3.合作交流,语言交际

英语教学不仅是掌握一定的英语知识,更主要的是要把知识灵活运用到具体的语言环境中，培养一定的综合运用能力。所以，在新课后为学生安排了几组不同类型的练习活动。一是自由合作"Talking in group"；二是全员参与的课后留言，在活动中强调组员的相互合作，在小组练习的过程中，给学生创造了相互交流、相互指导合作的机会。几个小组同时进行交际训练，使更多的学生有机会在课堂有限的时间内进行口语交际，使学习成为在教师指导下的主动的富有个性的过程。

在全班同学熟练掌握重点及难点之后，首先让学生根据课文所学内容及拓展知识进行分角色表演对话，以此练习所学语言。分角色表演能让学生在真实有意义的语境中运用所学的语言。这对学生在以后的学习、生活中，在类似的环境中恰当地运用英语进行交际有很大的帮助。其次，鼓励学生自编对话，让学生自己亲自表演对话，创造性地运用英语，充分调动他们的兴趣，发挥其创造能力和提高创新意识。

4.课堂小结

为了了解学生对知识的掌握情况，我让学生扮演小老师，总结本节课的学习内容，这样不仅能了解学生是否掌握了本节课的知识，还达到了总结本节课的目的，同时还锻炼了学生归纳、总结课堂所学知识的能力和表达能力，并将自己的总结上传到班级留言册中，增加学生的成就感。

5.布置作业

完成表格；用所学的国家知识写几句关于中国的英文介绍，并与同伴共赏。

【教学感想】

信息技术手段在创设情境、引入新课方面为学生创造了良好的氛围，帮助学生自然、准确地理解新课。有了信息技术的支持，巩固练习就能寓教于乐，提高学生的兴趣；有了信息技术的支持，教学中就可以做到因人而异，让学生根据自身情况自主选择，真正体现"以人为本"的课程理念。信息技术这一现代化教学手段，在优化教学结构、激发兴趣、激活课堂、调动学生多个感官等方面有其得天独厚的优势，再加上教师精心的教学设计和教学指导，有利于让所有学生参与学习，让所有学生有学习兴趣，让所有学生学有所获，更能体现课改的精神。

四、学法指导全面性的原则

除教学过程中实施一些学法指导外，在学习常规上也要对学生指导，如指导学生制订学习计划、学会课前预习、提高听课效率、记好课堂笔记、重视课后复习、做好单元小结、选好课外书籍、积累学习资料、坚持写好日记、科学安排时间等。在心理上，教师也要对学生进行学习心理指导，让学生养成良好习惯，培养学习兴趣，端正学习动机，克服高原现象，实现学习迁移，科学利用大脑，注意学习环境，防止神经衰弱，正确对待挫折。这样做到全方位、立体式、多角度的指导，让学生在优良的环境中，在优质的学法指导下，充分发挥最大潜能，激发学习兴趣，掌握科学的学习方法，养成良好的学习习惯，成为高素质的人才。

此外，还有差异性原则、发展性原则、教学互补的原则等。在学法指导时，要注重学生的个性差异，因类指导；要始终以学生的发展为目的，敢于打破传统，不断探索新方法。

第四节　说学法的途径和方法

学法不仅指学生学习的方法，还应包括教师在课堂里怎样实施学法的指导。说学法，要说出课堂教学中着重教学生什么学习方法，培养什么能力；要说出如何调动学生的积极思维；要说出怎样激发学生的兴趣。

一、说学法的途径

总的来说，说学法的途径主要包括三个方面：

（一）说出学生宜采用或掌握的学习方法及其理论依据。即说明本课中学生应采用和掌握的学法是什么，为什么要掌握这种学法。

（二）说出如何对学生进行学法指导以及为什么要选择这种方法对学生进行学法指导。即为了掌握这些学法应该采用什么方式或途径对学生进行指导，为什么要这样指导。

（三）说出对学生进行这种学法指导的期望目标。说出通过什么方式，培养学生哪些学习习惯和学习方法；说出通过哪些途径对学生进行指导，培养学生哪些能力；说出如何调动优生的积极思维和激发差生的学习兴趣，最终实现学而有法才能学而有效。

二、学法指导的方法

说学法，一方面阐述学法的内容的同时，其最重要的乃是学法的指导。通过学法指导让学生"学会"进而"会学"、"爱学"、"学好"。教师在具体教学过程中应该通过什么方法或模式对学生进行学法指导，才能达到预期的目标呢？

根据指导内容的不同选择不同的指导方法，有针对性地进行学法指导，其主要包括以下四部分：

一是心理调节的方法指导。主要包括指导学生培养学习兴趣的方法，形成正确学习态度和动机的方法、养成良好学习习惯的方法、增强思维能力的方法、克服心理障碍的办法等。

二是掌握知识的方法指导。掌握知识，即习得知识、巩固已学知识、在实践中应用知识三个阶段。习得知识阶段主要是指导学生掌握观察、思维、想象的方法；巩固知识阶段主要指导学生掌握知识背诵、理解和系统化的方法；应用阶段主要指导学生掌握分析、概括、综合以及解决问题的方法。

三是学习过程各环节的方法指导。包括指导学生制订符合自己实际的学习计划、合理安排学习时间、遵循学习规律和学习原则，指导学生掌握预习、听课、记课堂笔记、复习和作业、小结的方法，指导学生课外自学的方法，指导学生使用工具书、积累资料及应考的方法等。

四是各学科具体的学习方法指导，即将一般的学习方法应用到具体学科上去的指导。包括指导学生学习语文、数学、物理、化学、生物、历史、地理、外语、政治等各门学科的方法。

此外，阎承利的以下8种指导方法对教师也有一定的借鉴意义。

(一)领悟式指导法

所谓领悟指导是在教师提示、启发下，让学生自悟学法。此法的关键在于，教师要能启发、引导学生按教学思路去领悟、发现新的学法，特别是通过顿悟，给学生点燃思维、灵感的火花，让他们尽可能多地去发现学法、总结学法。

案例4-7 《紫藤萝瀑布》说课稿

教学设计思路：

教师活动	学生活动	说明
1. 听一听、看一看 放音乐，展示多媒体，创设情境，引入课题。	从听觉、视觉让学生感受美，创设一种和谐、轻松、快乐的学习环境。	通过优美图片展示，播放与课文内容有联系的《丁香花》，引入课文；学生朗读课文时教师播放音乐《昨日重现》，与课文内容相吻合。
2. 读一读、谈一谈、议一议 教师展示多媒体，指导学生阅读，指导学生进行合作学习、探究学习，教师也参与学生的交流。	学生读本课的词语，有感情地读一读课文中优美的句段，并品味这些优美的句子，学生与学生交流讨论，议一议，然后学生与老师交流。	通过对优美语段的朗读，培养学生的语感，学生谈一谈自己的预习方法。谈一谈对句子的理解及方法，对人生的感受，生生、师生进行相互交流，培养学生探究、合作学习的精神。

3.想一想、问一问 教师用多媒体展示图片，设计三个核心提问，让学生思考、质疑。	学生看图片，思考教师的提问，积极发言，大胆质疑，勇于创新。	通过教师关键性的提问，突出重点，突破难点，培养大语文观。鼓励学生大胆质疑的创新精神。
4.画一画、练一练 教师指导学生在书上做批注和勾画。检测学生对本堂课的知识及学习方法的掌握情况。	学生一边听课文，一边在书上画出优美的句子、关键词语，听完后想一想。学生完成教师的检测题。	通过学生的画一画，培养学生做笔记的习惯、动脑及创新品质，通过练一练，检查学生对知识及学习方法是否掌握。
5.比一比、写一写 教师指导学生进行朗读评比，指导学生进行片段写作练习，看谁写得好。	比朗读，比写作，学生进行写作练习。	培养学生的竞争意识、仔细观察的能力、写作能力、语文的实践运用能力、创新能力，提高学生综合素质。

（二）迁移式指导法

所谓迁移指导，就是教师"举一"，培养学生"反三"的能力。这种模式的关键在于教师"举一"要选准，不管是讲解例题，还是讲解文章段落，选的"一"要有代表性、典型性，并且与学生要反的"三"有相通性，否则就收不到效果，有经验的教师在讲授类似的两篇文章、类似的几个段落时往往采用这种方法。

（三）点拨式指导法

所谓点拨式指导，就是教师以强烈的学法指导意识为前提，在教学中抓住契机，用画龙点睛、留有余味的方法点拨学生学习。动用这种方式的关键是设计、选择点拨，点在学法指导的重点处、难点处、关键处，另外还要选择点拨的最佳时机。点在新旧知识连接时，点在学生百思不得其解时。如一位教师教《一定要争气》一文时，让学生解释"基础"一词，学生不假思索地回答："指建筑物的根基。"教师这时便从学法指导入手点拨学生："以前我们讲解词方法的时候其中有一条叫随文法，大家想想，随文法一词在这里如何理解。在本篇文章中指底子。"这样就起到了很好的点拨作用。

案例4—8 《大海的歌》说课稿[1]

这是小学语文课程中一篇写景抒情的短文，文中可指导的学法虽少，但在教学中则着重指导学生掌握"联系上下文理解词语"的学习方法。为什么选择这一学法作为指导的重点呢？本课"思考练习3：从课文中指出带有下边词语的句子，联系上一文说说每个词语的意思，并想想它们在课文中能不能调换，为什么？"这就提示了本课学法指导的重点是联系上下文理解词语。怎样指导学生掌握这种学习方法呢？做法分"三步走"。

第一步，在教授课文第二自然段时提出"望"一词是什么意思，让学生先读读上文，想想谁在那？（船长和游客们在海轮的驾驶室里）再让学生读下文，想想他们望到了什么？（望到了海港两岸的装卸吊车、海轮）老师接着问"站在海轮的驾驶室里往海港两岸望，那么瞭望是什么意思"，学生会很快理解"指远远地望"，老师归纳出了这是一种"联系上下文理解瞭望指远远地望"，当老师教到"飘着各色旗帜的海轮有如卫队，密密层层地排列在码头两边"时，问："请你们运用刚才学习的，联系上下文理解词语说说'密密层层'是什么意思？"学生通过读上下文，会理解到"密密层层"是形容海港两岸停的海轮很密很多。

第二步，在教授课文第四自然段时，教师提出"极目望"是什么意思（眼睛用力往最远的地方看），老师又问："你是用什么方法理解这个词的？"引导学生回答："运用了联系上下文理解的方法，因为上句有人指着前方叫他看，下句讲他看到了海平线上的石油钻探船。由于海无边无际，海平线距离他们太远，加上有层雾气，朦朦胧胧的，所以眼睛要用力往最远的地方看。"

在学生独立运用联系上下文理解词语的基础上，教师进一步引导："极目望"

---

[1] 《大海的歌》（小学语文说课稿——说学法）[EB/OL].http://www.aoshu.com/e/20091107/4b8bd4ac7da2b.shtml，2009.11.7.

是行驶在大海上看两岸的景色，这节中的"极目望"是行驶在大海上看远处的海平线，所以，"极目望"不能换成"望"。由于运用了换词比较的方法，深化了联系上下文理解词语的学法。

我国著名语文教育家叶圣陶先生说过："教是为了不教。"因此，教授本课要让学生不但学会，而且会学。

（四）反馈式指导法

有些学法，学生容易遗忘，这就要靠教师反复指导、反复训练、多次重复，这种重复不是机械重复、简单练习，而是按反馈—矫正、调控—评价的程序反馈指导，达到熟悉掌握，进而熟练运用。

（五）矫正式指导法

此种学法指导模式是在了解学生情况的基础上，有针对性地对学习上存在的问题进行矫正治疗，从而使学生掌握科学的学习方法。此种方法最适宜于提问、订正作业、讲评试卷等，教师可以采用谈话式、讨论式、咨询式、答辩式等对学生进行矫正指导，如作文讲评，可以通过矫正学生作文中存在的毛病进行，帮助学生了解正确的写作方法。

（六）对比式指导法

所谓对比式指导法，就是通过对比对学生进行学习指导。课堂教学中，教师可以通过讲不同的学法有不同效果的事例、学好学不好学法解题速度不一样的事实，对学生进行学法指导，例如，推土机厂生产1025台推土机，上半年生产了全年任务的1/5，剩下的还需几个月完成？做这道题时有学生把1025当作具体数进行计算，有的则当作整体"1"计算，显然后者简便得多，通过对比，可以使学生较好地掌握此类题的简便计算法。

（七）兴趣式指导法

通过典型、生动的事例，诱发学生学习的兴趣，然后再对学生进行学法指导。

如一位教师讲"被3整除"。先让学生随口说出任何一个三位数，教师不用笔算就知道此数能不能被3整除。如法炮制几回，均证明教师随口答得正确。学生兴趣盎然，此时教师再进行指导，教给学生如何判断一个数能不能被3整除的方法，教学效果十分显著。

(八)渗透式指导法

这是课堂教学中最常用的学法指导模式。教师在教学中对一些最基本的学习规律、学习方法见缝插针，随时渗透，可使学生在自觉的学习活动中掌握学法，收到"润物细无声"的效果。一些学校要求各学科教师备学法。开讲要导入学法，讲课要点拨学法、启发学法，结课时要总结学法、串联学法。总之，整个教学过程都要渗透学法，这对说课人员来说，是值得提倡的。

说学法是说课内容的重要组成部分，是教师说课活动中的一个难点，也是检测教师在备课时是否摆正学生主体地位的主要手段。说学法要求教师既说学生用什么方法、为什么要选用这些方法和怎样运用方法，也说在课堂上怎样实施学法的指导，怎样使学法的指导渗透在学习活动中。说学法要遵循教材的地位、特点及学生的实际需要。下面以《一定要争气》为例简要叙述。

案例4-9　《一定要争气》说课稿[1]

《一定要争气》是五年制第五册第二单元的讲读课文。讲的是我国已故著名生物学家童第周上中学时发愤学习和留学时刻苦钻研、成功地剥离了青蛙外膜的两件事。课文所结合的单元训练重点是联系上下文理解词语。根据单元、年级的训练要求及教材的特点，学习这篇课文可指导学生进行以下学法训练。

1.审题入手读文法。课文以"一定要争气"为主线贯穿始终。教学时让学生从

---

[1] 黄柏玲.小学三年级语文上册教案:《一定要争气》"说学法"指导与设计[EB/OL].
http://xiaoxue.xdf.cn/snj/201202/1097506.html,2012.4.28.

审题入手,问看了这个题目你想知道什么? 让学生质疑:"争气"是什么意思? 谁"一定要争气"? 怎样"争气"? 为谁"争气"? 结果怎样? 通过审题,学生理顺了学文的思路,有利于读通课文,了解内容。

2.品词析句读段法。这是学习语文最基本最常用的方法,能切实有效地让学生进行语言文字训练,理解课文内容,了解人物的品格。学这一课理解词语可采用:(1)查字典法。此法有利于培养学生良好的自学习惯。本文中的"资助、发愤"等词就可让学生在自学时借助工具书来理解。(2)联系上下文理解法。这是本组教材的重点训练项目,在本课教学中要继续训练。课文中就有不少词适合于此法训练,如三个"才"的理解,单凭字典的理解是抽象的,必须让学生反复自读第二段,通过对上下句的品读来领悟同一个"才"字在三句话中的意思却不同,从中体会汉字的丰富内涵。(3)理解句子采用比较法。对重点句的理解可让学生读句子找不同,联系课文在比较中理解。课文两次写童第周"一定要争气"的心理活动的句子,通过比较分析句子间的异同,明确童第周第一次争气是为自己,第二次争气是为祖国,在读议中使学生深入领会他那不怕困难、勤奋学习、勇攀高峰为祖国争光的崇高品质。此外还可用"删、补、换、增"词语进行比较的方法来理解句子。在理解了每句话意思的基础上,弄清句子间的关系,读懂段落。这是本课的读段训练方法。

3.总结学法,迁移训练。在学习了童第周中学时期勤奋学习这件事后,教师引导学生归纳出学习这件事的方法:读"原因",学"做法",品"结果",悟"感想"。然后让学生按这一方法自读课文第二部分,在迁移训练中掌握读书的方法。

第五节　说学法的技巧

学法选择得再精妙,若是"说"得枯燥无味,没有激情,甚至是说得乱七八糟,也不能算是成功的说课。因此,教师在把握说学法的途径和方法的同时,也需要掌握一定的技巧，追求说学法的艺术。

一、说学法要"新"

教师要关注学法创新，突出自身特色。要敢于打破以往的守旧模式，改变传统的单调无味的教学，要让自己的课堂"活"起来，能够激发学生的学习兴趣和提高学生的学习效率。这就需要教师在遵循教学常规的基础上，准确把握课程改革的新动向，吸收课程改革中的新信息，开拓新视野，不断加强自身的教学科研能力，促进学法的改革。教师说学法时要突出学法的特色以及学法指导的创新，说出与众不同的新意，这样才富有启发性，才给听者带来灵感和启示，才能充分调动听者的主动性和积极性，促进他们思考。

案例4-10 《小小的船》说课稿（部分）[1]

修订版"大纲"指出：小学语文教学应立足于促进学生的发展，为他们的终身学习、生活和工作奠定基础。作为一名从事小学低年级教学多年的语文教师，我以为，在低年级，语文课堂上最主要的是培养学生对语文的兴趣，扎实语言文字的训练。

想一想、画一画，趣中求新。

读与背并非语文教学的宗旨，学生要学会迁移、运用。学生在说一说、读一读时融入了情境，如何将学生此时的激情再次升华呢？"写"对一年级的学生来说太难了，而在这堂课上，有了一个很好的迁移结尾：

1. 组织学生表演唱《小小的船》。

2. 夜空多美呀！你想把它画下来吗？先说说你想画什么。（同桌交流）

[1] 人教版小学语文一年级第一册《小小的船》说课稿 [EB/OL].http://www.doc88.com/p-603856364465.html, 2012.9.25.

３．指导画一画。

学生把自己看到的、读到的、说到的画下来，又一次展开了想象的翅膀，把许多有创意的东西画下来：飞船、太空小轿车、织女星等，把语言美融入了画面美中，每一幅画就是一首奇妙无比的诗歌，每位学生都有自己独到的见解，都进行了美的创新。我想，学生的创新不是从无到有的发明，只要是获得知识的进程对他本人来说是独特的、新颖的、具有价值的，就是创新。

二、说学法要"准"

和说教法一样，说学法也要有针对性。要"瞄准了，别跑偏了"。教师要想说好学法，必须先使学法"瞄准"，不能"脱轨"。这个"轨"就是学生主体。教师在说学法时始终把握的一根弦就是学生的主体性。忽视学生主体性的学法指导是无效的、无目的的。教师无论是说学法还是进行学法指导都必须沿着这一条轨道行驶，只有这样才不会让"说"法脱轨，教师才能切实保证说"成"学法、说"清"学法、对学生进行学法指导，学生才能接受学法、掌握学法，教师和学生获得共同发展。

三、说学法与说教法结合

教学过程是教与学对立统一的发展过程，学生怎么学教师就应该怎么教，教法与学法是教师组织教学和学生开展学习的两种不同活动的反映，它们既相辅相成又相互促进。教为主导、学为主体，确切地道出了教学系统中这两个要素之间的关系。说教法与学法，实际就是要解决教师"教"如何为学生"学"服务的问题。

四、说学法要"实"

一方面，教师选择学法时要考虑到教材的实际、学生的实际特征、教学实际环境、教学目标等因素,以这些为出发点,从这些因素出发,在一定教学目标的指导下,有效地利用现有教学环境,分析和把握教材内容,遵循学生的年龄特征和个性特征,即"因课施宜"、"因材施教"。如此,在课堂教学活动中,教师才能选择恰当的学习方法,教师教和学生学才能有效进行,教师和学生才能共同发展。另一方面,教师进行学法指导时要坚持理论联系实际的原则,用科学的理论分析和指导学生学习学法。说学法中说"理"时要说得具体并能够令人信服,要具有科学性、实用性与可行性,不能为理论而理论。

案例4-11 《坐井观天》说课稿(部分)[1]

角色朗读,辨别是非,揭示寓意。这篇寓言以对话为主,引导学生同桌和分组分角色有表情朗读,注意标点符号的语气。再让学生讨论:"青蛙和小鸟为了一件什么事争论起来?"(为了天的大和小)它俩谁说得对?从哪些地方可以看出来?(小鸟说得对,从"飞了一百多里"看出;青蛙不对,从"天不过井口那么大"看出)然后讨论:青蛙错在哪里?(错在它生活在井底,看到的地方很小,人家告诉它,它听不进去,坚持自己的错误看法)最后讨论:你读了这篇寓言想到了什么?(有的人明知自己所见有限,还以为自己是所见很广,这是不对的)可结合生活实际举例说明。

通过分角色朗读,可进一步理解课文内容。把大问题分解成小问题,由浅入深,让学生进行充分讨论,辨别是非,联系生活实际,用自己的话揭示寓意,符合低年级学生的学习心理。

从识字、朗读、理解到揭示寓意,都要充分发挥学生学习的主动性,既培养了

---

[1] 人教版小学语文一年级第一册《小小的船》说课稿[EB/OL].http://www.doc88.com/p-603856364465.html, 2012.9.25.

学生的能力，又提高了教学效益。

教师通过对说学法内涵、理论依据、途径方法以及技巧的把握，将理论和实践联系起来，不断提高自身说学法的能力和水平，逐步形成说学法的艺术。

第五章　说教学过程的艺术

　　说教学过程是整个说课的中心环节。科学设计教学过程，对优化教学结构、提升教学效果具有十分重要的指导意义。说教学过程就是说明整个说课活动的整体安排，即题目如何导入、新课如何开展、教学过程中教与学的双边活动如何进行。同时，要说清楚教学过程中使用什么教学方法、如何突出重点难点、教学目标等。

　　说教学过程的主要环节有教学目标、教学设计、教学内容的重点难点、课堂练习、板书设计和多媒体应用等。说教学过程的方法主要分为两类，一类是以语言表述为主的说教学过程的方法，这类方法主要有讲说法、对说法和论说法；一类是以直观表演为主的说教学过程的方法，这类方法主要有演说法和表说法。同时，说教学过程时需要掌握一定的技巧，即教学内容要"深"、教学方法要"实"、课堂练习要"准"、教学程序要"精"。

　　说教学过程既是一门科学，同时又是一门艺术，说教学过程中既要保持严谨的科学态度，同时应当敢于创新，不断探索新形式、新方法，努力提升说课水平和效果。

第一节　说教学过程的意义

一、说教学过程的理论意义

　　说课具有极其重要的理论意义。它是对传统教学理论的一大突破，丰富和发展了教学理论，将教学理论的发展推向一个新阶段，是教学论发展史上一个新的里程碑。

在教学理论发展史上，曾提出过关于教学过程的阶段说、环节说和步骤说等，它们都是为适应当时历史时代的客观需要提出的。但是，历来的教学论只研究"教什么"和"怎样教"的问题，没有研究"为什么这样教"的问题，也就是说没有解决教学活动的"所以然"问题。说教学过程就是对"为什么这样教"的具体环节的详细说明，成为一个相对独立的教学活动的阶段，打破了传统教学理论的框架，适应了现代教育的发展。

二、说教学过程的实践意义

第一，说教学过程有利于优化课堂教学和提高教学质量。教师要在有限的课堂教学时间里，最大限度地提高课堂教学质量和效率、优化课堂教学设计，改变课堂教学的形式是关键，而说教学过程正是改变课堂教学形式方面的重要环节。说课有利于引起和促进教师对教学进行比较系统的反思，有利于促进课堂教学的创新。说教学过程能够使教师在反思基础上发现教学问题，寻找解决教学问题的新突破点，这就方便促进教学上的创新。假使一名教师在教学设计上确实有若干创新，但仅仅是把教学设计分散到各个环节里，不能深入而且系统地加以表达，那么这名教师对教学设计的思考便只能停留在肤浅经验的认识层面上。说教学过程能利用群体的资源对教师个体将教学过程中的教学设计、教学实践加以改进和完善，这样有利于教学质量和效率的提高。

第二，说教学过程有利于教师素质的提高。没有专业引领的教学是同水平的重复，专业引领是教师专业化发展的快速通道。说教学过程实际上可以引领"同伴互助"，即教师之间真诚地合作、交流和共享，有助于教师素质的极大提高。

第三，说教学过程有利于继续教育的开展。继续教育作为一种新兴教育形式，随着我国经济、科技的迅猛发展而不断发展。教师的进步是无止境的，现代社会终身教育的理念已经深入人心，每一个教师都应处于培训、成长、提高、发展的状态，在继续教育中开展说课，使说课中的教学过程不断完善。更具有重要的实践意义。

(1)说课开创了继续教育的新路。说课活动的开展，适应了继续教育培训目标的需要。通过开展说教学过程，极大地调动了广大教师学习教育理论，努力钻研业务，有效地解决了中小学教师只教不研、教学和科研相互脱节的现象，进而大面积提高教师的整体素质，实现教学质量和效率的提高。因此，在继续教育中开展说课，重点训练说教学过程，是实现培训目标的有效措施，是提高培训质量的有效途径，为继续教育的发展开辟了新的方式。

(2)说课丰富了继续教育的内容。继续教育的内容是根据教育教学工作的需要和特点来制订的，其主要内容包括政治思想和师德修养教育、教育理论学习、教材教法研究、教育教学实践和教师基本功训练等方面。在培训中，教师不仅要按要求学好上述内容，还要参与说课，说好教学过程。说教学过程使培训的内容更加充实，更具有针对性、实用性和科学性。说课活动的开展，极大地丰富了继续教育的内容。

(3)说课提高了继续教育的培训质量。继续教育是根据教师的实际情况进行的，主要是分为新教师的见习期培训、教师职务培训、骨干教师培训等。在这些培训中说教学过程，以它独有的特点、灵活多变的形式，充分发挥了多功能的作用，有力地促进了培训质量的提高。

案例5-1　《桂林山水》说课稿[1]

根据本课教材的特点和教学目标的要求，具体的教学过程设计如下：

1.音画导入，情境诵读

首先播放一首赞美美景的MTV歌曲《半城山半城水》(点击课件)。从欣赏《半城

---

[1]　《桂林山水》说课稿[EB/OL].http://wenku.baidu.com/view/dfafbf2d3169a4517723a3f2.html,
2012.5.29.

山半城水》导入到学习《桂林山水》，让学生既感到亲切，又创设了美的情境。

在这样的情境创设之后，我配乐诵读课文。(点击课堂录像)

声情并茂的朗读激发了学生初步的美感，形成对课文的整体表象。

2.欣赏美景，品味表达

播放漓江水的录像，创设课文情境美，触发情感共鸣。(点击课件)

"这样的水"指什么样的水？课文是怎样描写的？

引导学生抓住"感觉不到流动"、"可见沙石"、"无瑕翡翠"展开联想，学习体会漓江水的特点。在学生归纳漓江水"静、清、绿"的特点之后，播放投影，让学生观察漓江水，然后品味"静"、"清"、"绿"。

请大家看教学课件。(点击课件)

再看一下学生在课堂上的表现吧。(点击课堂录像)

为了让学生更进一步地走进文本，更进一步与作者产生情感共鸣，内化作者的语言，在播放完第二段视频后，让学生看着大屏幕上的画面，然后自己想象还能看见什么，并且模仿作者的表达进行说话。

3.紧扣句段，强化朗读

紧扣对漓江水的描写，联系朗读，要求读出漓江水的静、清、绿，读出对漓江水的喜爱之情，注意指导读好"真静啊"、"真清啊"、"真绿啊"，播放实景照片，运用油菜花园，设计"模仿秀"环节，让学生学习作者的表达方式看图说话，联系语言的运用。

《桂林山水》这篇课文遣词造句严谨，语言优美，诗化的语言耐人寻味，字里行间洋溢着作者对桂林山水的一片热情。老师不宜讲得太多，讲得过多文章会被搞得支离破碎，整体的美会被破坏。应多读、反复读，读出语感，使作者的感情和读者的感情融为一体。

4.创设情境,迁移训练

利用上段写景的方法自主学习第三段,教师巡回指导。

观赏"桂林的山"的录像,激发美的情感。(点击课件)

在学习描写桂林的山的一段时,设计了一个猜词游戏的环节,让学生根据看到的图片猜一猜可以用课文中的哪一个词语来形容,这样做符合小学生的心理特点,既调动了学习的积极性,又有效地帮助学生理解了词语。

在理解的基础上,运用上段学到的适当的停顿、适度的轻重、语调的抑扬、音色的处理与朗读技巧,反复阅读,学生很好地品味了语文语言内涵的形象美。

5.体会感情,加深理解

对于第四自然段的学习,以读代讲,让学生画出描绘整幅画卷的词语,想象整幅画卷的形象,理解"舟在碧波上,人在画中游"的意境。

教师配乐朗读第四段,学生闭着眼睛边听边想象桂林山水相映的美丽景色。引导学生发现山水相映的整体景色,感受"云雾迷蒙"中若隐若现的仙境般的景色美,揣摩联想绿树红花的静态美和竹筏小舟的动态美。把同学欣赏桂林山水美升华到热爱祖国河山美。

在《桂林山水》这篇课文的教学中,力求运用多媒体手段,运用多种形式引导学生反复朗读,感受桂林山水的形象美和课文的语言美,力求让信息技术走进课堂,服务教学,提高学生学习语文的兴趣和激情。

这个片段的教学流程分为五个环节:音画导入,情境诵读;欣赏美景,品味表达;紧扣句段,强化朗读;创设情境,迁移训练;体会感情,加深理解。第二个环节"欣赏美景,品味表达"是教学中把握重点和突破难点的中心环节。通过多媒体课件的展示,让学生真真切切地感受到漓江水的"静、清、绿"的特点,以期与作者产生共鸣,然后又设计了一个"自己想象还能看见什么,并且模仿作者的表达进行说话"的活动，让学生与作者对话，以使学生能在由景及人、由情到精神的转换过程中领悟文章内涵。教师在教学程序上发挥引领作用，由浅入深，深入浅出，让学生通过多媒体、通过文字走进文本，帮助学生在思想上内化作者的情感。

第二节 说教学过程的内容

教学过程是教师根据一定的社会要求和学生身心发展特点，借助一定的教学条件，指导学生通过认识教学内容而认识客观世界，并在此基础上发展自身能力的过程。学科教学任务是通过精心设计的教学过程来完成的，从教学过程论角度来分析，说教学过程主要包含如下内容：

一、说教学设计

(一)教学总体思路和环节

教学总体设计思路是谋篇布局的计划、规划、设想等以视觉形式表达出来的思维活动过程。包括诸如指导思想、目标与原则、任务与内容、技术路线、方法与步骤、保障措施等。教师在设计教学过程时，总要站在课程标准和实现教学目标的高度来设计教学过程，按教学内容，配以相应的教学方法手段来组织教学。按传统知识教学程序看，一般分为组织教学—复习旧知识—导入新课—新课讲授—知识应用—巩固小结—练习(布置作业)。在新课改中，我们十分重视学生智力、能力的发展，强调重视发展教学的三个阶段：

1.设置问题情境，学会参加。教学活动是教与学的双边活动。学习开始之前，首先应当努力调动学生学习的兴趣。学生只有真正参与进来，才能保证教学活动取得期望的效果。为促进学生培养兴趣，学会参加，应当灵活利用各种教学思想和教学手段，科学设置容易引发学生兴趣和好奇心的问题情境，引导学生进入课程学习。

2.引导信息加工，学会学习。学生在学习过程中不仅要培养学习兴趣，更重要的是培养学习能力，学会如何进行学习。教师在教学设计中应当充分考虑学生的身心发展特点，培养学生信息加工能力、发现和获取新知识的能力。

3.设计实践活动，学会迁移。学习的目标是为培养实践能力，因此，课程设计中重点培养学生利用旧知识解决新问题的能力至关重要。使学生学会知识的迁移，能够利用已学知识解决实践当中出现的新问题。

(二)教学环节与方法、手段之间的联系

教师为完成教学目标，设计教学过程的程序和环节，教学程序与环节主要介绍如何处理教材、运用哪些教学方法和手段、教学方法以及教学设计的优点或依据、具体的教学过程设计及其优点或依据。具体包括教学方式、教学方法和教学手段。此外还可适当说明这样安排的目的和期望达到的预期效果。

(三)教与学的双边活动安排

教师在复习旧知识、讲授新知识时，一般都要安排学生的参与。素质教育强调学生的自主，课堂上活跃的师生双边关系是确保成功教学的一个重要标志。双边活动要体现教法与学法的和谐统一、知识传授与智力开发和谐统一、德育与智育和谐统一。教师准备提出哪些问题，为什么提出这些问题，学生如何参与，教师如何组织，学生可能出现的问题；教师有哪些措施，克服思维定式的措施等，以上内容均属于教与学的双边活动，说课过程中应各有侧重。在说师生的双边活动时，根据实际需要可以适当深入，突出重点、突破难点。突出重点不依赖长时间，应重点在深入分析上下功夫；突破难点，不仅仅是依靠先进的教学方法和手段，更应该创新教学艺术，才能化解难点。

(四)总结归纳，拓展延伸

教师在说教学过程中，在总结与延伸以及习题练习上应具有一定创意，重点说如何归纳知识体系、课程结构，通过什么样的方法与手段实现知识与思维活动的适度拓展。总结阶段习题设计与课后的作业布置，对自己的独特创见也可做适当说明。此外，板书是直观教学的重要组成部分，能较好地体现教师的教学风格，特别是独具特色的板书，更应该重点加以说明，说出板书结构和设计的意图。

二、说教学结构

说教学结构不同于说教学过程，教学结构是教师对教学具体程序的归纳，构成若干板块，而教学过程是教学流程中的步骤。说教学结构可以防止对教学步骤做过细分析。现代教学强调教与学的互动、情境创设与情感体验。教师在课堂教学中会设计出若干师生互动的板块，如创设情境、架设桥梁；探究新知、自主构建；回归生活、解决问题；布置作业，课外延伸。这就是一种组合式板块状的说课表达。

教师说教学一般程序改为集中说教学结构，具体要求是：

(1)说清教学总体构思和各个教学板块；

(2)每个板块的表述要充分体现是什么、为什么、怎么样；要突出教与学的双边关系；

(3)适度交代重点怎样突破，难点如何化解。

案例5-2　小学数学《轴对称图形》说课稿[1]

轴对称图形的教学是在学生学习了多种平面图形的基础上进行的。目的是使学生对所学平面图形中轴对称情况作全面的了解，进一步认识所学平面图的本质特征，结合自然界和日常生活中许多事物具有轴对称的这一特点，渗透轴对称思想，从而更好地发展学生的空间观念。

我们知道21世纪是人才与科学技术竞争激烈的时代，当前教育领域正发生着

---

[1] 古晓华.全国说课获奖案例——小学数学《轴对称图形》[EB/OL].http://www.doc88.com/p-390369377864.html, 2012.5.13.

一场意义重大、影响深远的改革，这场改革具体表现在教育思想、教学内容、教学方法、教学手段等方面。基础教育要适应时代的发展，要培养21世纪人才，首先要进行教学思想和教学手段的更新。为此，设计这节课的指导思想是"重视信息反馈、教给学习方法"。

一、教学目标

①初步认识轴对称图形，知道轴对称图形的特点，能找出各种轴对称图形的对称轴；

②教给学生们通过观察、实验自觉发现规律的学习方法，培养自主的学习能力；

③激发学生对轴对称图形的审美情趣，培养学生空间想象能力。

二、教学过程

运用现代教学媒体，创设情境，为学生提供丰富、生动、直观的观察材料，激发学生学习的积极性和主动性。教学过程分为以下三个环节：

1. 观察找特点

课一开始，提出了本节课的学习要求，"认真观察，动脑思考，发现问题，勇于探索"。接着计算机创设情境，"溪流随山而转，满山的枫叶映在清灵的水中，那一片片火红的枫叶随风飘零，在绿荫草地的映衬下显得妖艳似火"。柔美的音乐，舒缓而流畅，声、光、色一体展现在学生面前的诗情画意的大自然，当这片枫叶逐渐放大、定格时，要求学生观察"这片枫叶，除了颜色美，它的形状有什么特点"？把学生思维的注意力从观察事物的形象引向观察事物的本质特征。在这一过程中，不要求学生急于回答，而是让同学们静静地思考，用同样的方法去观察蜻蜓、天平。当学生充分接受信息后，组织讨论，同学们不难发现三幅图形的特点，那就是"沿中线对折，两侧图形的形状相同，大小相等"。接着让学生列举出周围具有这种特点的物体图形。这一反馈措施，既使学生获得了完整的信息，又实现了信息反馈的全面性和系统性。

2.操作实验,形成概念

在第一阶段学习成功的基础上,继续利用计算机演示。把一张长方形纸沿中线对折,画上沿中线左右两侧具有对称特点的图案,用剪刀剪开,展开后会是一个什么样的图形,通过想象激发学生动手操作的欲望,让学生模仿,自己动手制作一幅雪松图,然后给枫叶、蜻蜓、天平、雪松这样的物体图形取名叫轴对称图形。那什么是轴对称图形?让学生们自己阅读材料,得出结论:"沿直线对折,两侧图形完全重合,这样的图形叫作轴对称图形。"那要判断一个图形是不是轴对称图形,关键是什么?这时候继续用计算机演示出不同位置放置的雪松图,让学生通过观察、讨论,自己发现判断一个图形是否是轴对称图形,不是看它位置的变化,而是要看沿一条直线对折后,两侧图形能否完全重合。由于抓住了信息反馈的真实性和发展性,学生独立正确地判断是不是轴对称图形就水到渠成,最后用计算机辅助进行判断练习。本节课的教学难点是找出对称轴,在大量形象生动的演示、观察后,让学生动手操作,自学课本,相互讨论,同学们能弄清"折痕所在这条直线是这个图形的对称轴"。那么是不是所学过的平面图形都是轴对称图形,是不是所有的轴对称图形都只有一条对称轴?从而诱发学生探索的欲望,进入第三阶段的学习。

3.大胆尝试,寻找规律

概念形成后,让学生大胆尝试,用八个平面几何图形自己做对折实验,去发现规律。在实验过程中要求学生画出这八个图形的对称轴,并完成自学练习卡。通过这一活动,同学们创造性地发现平行四边行或非等腰梯形,无论怎么折,两侧图形都不能完全重合,它们没有对称轴,所以它们不是轴对称图形。与此同时,也深刻地认识到轴对称图形的对称轴不仅只有一条,有的有两条,有的有三条,有的有四条,还有的有无数条。难点突破,达到活跃思维、发展个性,使信息反馈的创造性和深刻性达到新的境界。通过以上环节的教学,结合计算机声、光、色一体的动画演示，打破了时间和空间的限制，把不同场景不同时间的生活画面糅合在一起提供给学生，使学生学得轻松有趣，并领悟到数学知识的美的感觉就在我们生活和学习中，生活中的你、我、他要做一个会观察、会思考、会学习、会创造的有心人。

三、说课堂练习设计

课堂练习是课堂教学的重要组成部分，也是学生掌握知识、形成技能、发展智力的重要手段和必要途径。因此，教师精心设计每堂课的练习，是完成教学任务、减轻学生负担、提高教学质量的重要手段，必须引起足够重视。练习设计既要考虑到学生巩固所学基础知识，形成技能技巧，又要发展学生的逻辑思维能力，培养学生解决实际问题的能力。因此，教师编题要讲究科学性、针对性和有效性，做到每次练习都有重点、有目的。由浅入深，逐步递进，构造合理的序列，使学生保持浓厚的学习兴趣。

(一)课堂练习的基本原则

1.科学性原则

课堂练习是为教学目的服务的，因此，练习的内容必须符合学科课程标准中所规定的各年级的教学内容和教学要求，准确地把握住知识结构中各个组成部分的重点和难点。练习设计应当遵循学生思维特点和认知发展的客观规律。

2.针对性原则

练习设计一定要从教材内容和学生身心发展特点两方面出发，坚持从实际出发，克服主观主义和形式主义，切实做到因材施教、有的放矢。

3.层次性原则

课堂练习设计应坚持由易到难、由浅入深的顺序，促进不同层次学生的均衡发展，使每个学生都能得到收获。练习设计需要面对全体学生，让每个学生都能在练习中得到提高。

4.多样性原则

练习的形式多样，有利于学生学习兴趣的激发和思维的发展；要加强知识的应用性和开放性，培养灵活应用知识和解决问题的能力。

5.灵活性原则

练习设计的目的是促进学生积极思考、激活思路，充分调动学生内部的智力活动，使其从不同方向去寻求解题的最佳策略。通过练习使学生变得越来越聪明，思维越来越灵活，应变能力越来越强，而不被模式化的思维定式所束缚。

在课堂练习设计的过程中应注意如下问题：

(二)学生角度

1.要注意激发练习兴趣

学习的动机主要来源于学生的内在兴趣，兴趣是学生主动学习的强大动力，正如爱因斯坦指出的那样："兴趣是最好的老师，它永远胜过责任感。"学生的兴趣和爱好是智力形成的重要因素。

教育教学活动的主要任务是激发学习动机。教育工作者认为兴趣可以培养，并探索出培养兴趣的一些途径。例如，引入问题生动活泼，甚至是似是而非或自相矛盾的见解，让学生猜测，当他们做出猜想以后，就会进一步证实猜想是否正确，从而激发起学生的好奇心。指导学生发现有趣味的东西，领略学习体会以及自己的学习收获等。

华蘅芳曾运用教育机智以激发学生学数学的兴趣，他有一次手画黑板，故错其数，学生发现便笑而喊："先生误矣。"于是华蘅芳就抽学生上台改正，然后曰："我今老矣，自学竟不及尔等。"以此来增加学生学习的自信心和学习劲头。

2.要重视学习思维过程

这是提高学习积极性的得力措施，数学家波利亚在"解题数学"中也让学生看到思维过程是如何推进的，有力地促进了思维能力的提高。

3.要准确把握练习时机

根据学生认识事物的规律,练习题的内容、形式不同,组织练习的时机也应不同。如能把握好练习时机,就能激发学生的学习兴趣,极大地调动学习积极性。

4.要启发学生主动探索

练习设计应该充分发挥学生学习的主动性,启动学生用自己的思维器官去探索奥秘。波利亚说:"教师讲了什么并不重要,但更重要的是学生想了什么,学生的思路应该在学生自己的头脑中产生,教师的作用在于系统地给学生发现事物的机会。"启动学生在允许的条件下亲自去发现尽可能多的东西,同时,教师要给学生以恰当的帮助,特别是"内部帮助",多问是什么、为什么、哪里、怎样,以催化学生思想的产生。

(三)题型角度

1.要考虑题目使用价值

设计的题目使用价值如何?可从两方面分析。一是题目本身的价值,我们通常设计的"一题多解"、"一题多变"、"一题多问",只要安排得当,"价值"较大,往往通过一道题的练习,能使学生举一反三、触类旁通。二是设计的题目能否在教学的各个环节上充分发挥其作用,如新课前的铺垫练习,就很有讲究,设计的题目应是与新知有直接联系的,在新知的连接点上做文章,这样才能收到积极的迁移效果。

2.要重视题目有机组合

把相关的题目有机地结合在一起组织练习,既能沟通知识间的联系,又能提高练习效果。

3.改造常规性题目为开放型的问题

为了让学生在解题中有更广阔的思维空间,可以进行"问题解决式"研究,改造一些常规性题目,打破题目模式化,使学生不能简单依靠模仿解决问题。例如,可以将条件和结论相对完整的题目改造成只给出条件,根据条件得出结论,再对过程进行证明。或者给出多个条件,经过收集、整理、筛选的过程以后再进行证明,打破规范条件的条条框框；此外，也可以增加有多个结论或解题方法的题目，加强学生发散式思维的训练；最后，也可给出结论，让学生根据结论探索条件或将题目的条件或结论进行拓展，形成发展性问题。利用这些非常规的题目，作为常规题目的补充。这样可以打破模式化，使题目具有了"问题"解决的形式，更大地发挥了例题的功能，有利于激发学生主动学习的兴趣。

4.改造为应用型问题

应用意识的薄弱是当前教育的一个重要问题，在教学中，可以选择一些典型意义的问题，回归它生活、生产中的原型，给学生创设一个实际背景，让他们认真观察、收集数据、抽象图形、联想学过的知识和技能，来解决实际问题，从中体会知识来自于实践、应用于实践的思想和方法。这种改造要做到，应用背景的设计要能够让学生理解，不宜过难，应用的教学思想要比较深刻，真正起到培养应用意识的作用。同时这种题目的改造也要适度，不可过分地强调"双基"训练，成为新的应用题的"题海"。

下面为改造后的标准化反馈题：

(1)把答案公布一组选择。如某种旗子有两种颜色，有这样的旗3面，一共有( )种颜色。(A6，B3，C2)

(2)把条件改变进行判断。如分数的基本性质——分数的分子或分母，同时扩大相同的倍数，分数不变。( )

(3)把关键词去掉进行填空。如分数的意义——把单位"1"分成若干份，表示这样的一份或几份的数叫作分数。( )

四、说多媒体应用

教育部制订的《基础教育课程改革纲要(试行)》中指出："促进信息技术与学科课程的整合，逐步实现教学内容的呈现方式、学生的学习方式、教师的教学方式和师生互动方式的变革……充分发挥信息技术的优势，为学生的学习和发展提供丰富多彩的教育环境和有力的学习工具。"对此，作为学科教学的执教者，既要避免陷入"技术害怕论"、不敢尝试使用新教学技术，又要防止"唯新技术论"，成为技术至上的认识论者。教师应当以提高教学效率、实效为宗旨，从实际出发，因人、因地、因教材而制宜，在充分挖掘和发挥传统教学手段优势的同时，做好多媒体与教学过程的整合。

案例5-3　《琥珀》讲读课

采用集中讲的办法来表达多媒体教学。《琥珀》一课是一篇说理性很强的文章，它根据孩子捡到一块裹有蜘蛛和苍蝇的琥珀，推想出一万年前发生在原始森林中的一个故事。对于我们这里远离海边、从未见过甚至从未听说过琥珀的孩子们，这篇文章在教学上存在着一定的难度。怎么样使孩子们认识琥珀、使学生知道琥珀形成是难点所在。因此，在这篇课文的教学中，我利用多媒体辅助教学，为学生创设环境，较好地突出了教学重点，突破了教学难点。文章的第二段讲的是琥珀的形成过程和形成条件，在这里我利用计算机制作了逼真的动画，在课堂上演示，使学生依靠直观的认识，了解琥珀的形成过程，突破教学难点。在教学中，我首先请学生认真读课文，看一看作者是怎样推想琥珀的形成过程的，用笔画出有关语句，同学之间可以相互议论。然后再用计算机动画演示：

①一个夏天，太阳热辣辣地照着松林，松脂直往下滴；

②一只蜘蛛正要捕食苍蝇；

③滴下来的松脂刚好包住苍蝇和蜘蛛；

④松脂继续下滴，积成一个松脂球，两个小虫被重重裹在里面；

⑤经过很长时间，陆地沉，海水漫；

⑥松脂球被淹没在泥沙下面；

⑦又经过了几千年，松脂球变成了化石。

演示结束，向学生提出问题：根据上面所谈，请同学们概括出琥珀的形成主要原因中讲了哪两点？

（主要讲了松脂球的形式和松脂球是怎样变成化石的这两点。）再请学生们轻声读2～9自然段，思考：作者是怎样一步一步推想出松脂球形成的过程的，这些推想的根据是什么？把有关语句用笔画出来。

这里主要讲的是琥珀形成的条件，是本文的重点，为了突出重点，使学生更好地理解琥珀的形成及在科学上的价值，在这里我还是利用计算机出示彩色，深化教学。

①在夏天，太阳光很强烈；

②在松林里，太阳热辣辣地照射，许多松树渗出厚厚的松脂；

③非常凑巧，蜘蛛扑向苍蝇的一瞬间，一大滴松脂滴下来，把它们包在里头；

④松脂不断下滴，最后形成松脂球。

根据是：只有在炎热的夏天的松林里，才能有松脂；只有当蜘蛛扑向苍蝇，尚未扑到的一瞬间，松脂才能裹住两个完整的小虫；蜘蛛和苍蝇的垂死挣扎在琥珀里留下了明显的痕迹，使人们推测出这发生在一万年前完整的故事。再让学生思考：松脂裹住苍蝇和蜘蛛这样的事情经常发生吗？你从哪个词看出来的？（这样的事情不常发生。从"刚好"这个词看出来了，因为"刚好"在这里含有偶然和凑巧的意思。）然后指名按板书内容叙述松脂球的形成过程。接着教师引读，这部分课文，作者把苍蝇和蜘蛛之间发生的事写得非常真实生动。大家轻声读课文，边读边想象当时的情境，要读出感情来。最后教师小结：刚才大家采用了读、画、想、议的方法，明确了松脂球是怎样形成的。

五、板书设计

一幅漂亮的板书能唤起读者的情感,给人美的陶冶和享受。课堂板书既是科学,又是艺术。称之为科学是指它使教学内容系统化、条理化、形象化,有利于突出教学重点,突破教学难点。称之为艺术是指它能综合运用文字、图画、线条和色彩等手段,强化表现力,感染和熏陶学生的思想情操和审美情趣。

(一)板书的意义

板书是使学生通过视觉获得知识信息,它是最简易的利用视觉交流信息的渠道。它比从听觉获得信息的时间长很多,有利于巩固课堂所学的知识,因此是提高教学质量和效率的一种行之有效的教学手段。具体表现在以下三个方面:

第一,引导学生思路。学生在教师讲解过程中看着板书,可以依据板书的提示,边听讲边思考。板书的内容有效地引导学生思路,使学生的思维和注意力集中在教师的课堂教学内容上。

第二,构建知识结构。每门学科都有自身独特的知识结构和体系,这种知识结构和体系仅仅依靠语言不容易表达清楚,但是如果以板书的形式将其表现出来,可以使学生更加直观地了解知识结构和体系,帮助学生构建知识结构。

第三,变抽象为具体。课堂上教师单纯的语言描述和抽象的讲解,不利于学生在具体思维的基础上扎实地构建知识结构和体系。教师在讲解的过程中结合板书,可以使抽象的知识变得形象具体,使学生更容易理解和掌握知识。

(二)板书设计的原则

学科性原则。不同学科的知识结构和特点不尽相同,因此教师在设计板书时要考虑自己所教学科的特点。

实用性原则。板书使学生按照教师的教学思路去分析并理解问题,帮助学生掌握所学知识,构建知识体系。所以教师要根据不同年龄阶段学生的特点设计不同形式的板书。

直观性原则。板书设计应当图文并茂、言简意赅，学生通过简单形象的图画，从形象上理解抽象的概念原理和法则，学生能够从整个板书的排列形式总结出这节课的重点难点所在，一看板书就回忆起本课的内容。

灵活性原则。课堂教学没有一成不变的模式，课堂教学是师生双边活动，所授内容不同、学生实际状况不同，需要灵活处理包括板书在内的课堂上出现的各种问题，预先设计的板书也需要随着教学的实际情况变化而变化。

艺术性原则。板书是一种教学艺术，它融合科学性、实用性和艺术性于一体，是教师表现在课堂上的微型教案。

(三)板书设计六大忌

一忌"空"。黑板上只寥寥几个字或仅仅留下课题，甚至零板书。

二忌"满"。教学方法的满堂灌，板书设计的满黑板，老师一板一板地写，学生一板一板地抄，效果极差。

三忌"乱"。板书无计划、序号乱、随手信笔、层次不分、条理紊乱，缺乏内在联系，板书位置乱。东写一个公式，西写几个字，板面杂乱无章。

四忌"散"。中心不明确，犹似画乱麻。

五忌"草"。板书龙飞凤舞，写得含糊不清，学生只好推测和猜想。

六忌"错"。常见错误有以下三种：一为乱造字，如早(稻)；二是写错别字，张冠李戴，鱼目混珠；三是演算失误。凡此种，严重影响教学效果。

总之，在板书设计中，要做到规范、准确、赏心悦目。

(四)板书案例分析

精湛的板书，不是文字与线条的简单结合，更是教材重要内容的展现。板书是教师按照一定的规则构思出的图式。

精湛的板书，是老师心血的结晶，它要求教师必须根据教材特点，讲究艺术构思，做到形式多样化、内容系列化、表达情境化，同时它要求教师根据教学实际，遵循板书的基本原则，具有明确的目的性、鲜明的针对性、高度的概括性、周密的计划性、适当的灵活性、布局的美观性、内容的科学性、形式的直观性。这样，才能给学生以清晰、顺畅、整洁、明快的感受。要显示这些特点，需要做到以下几个方面：

1.内容美。准确无误，内容精当；从整体上看，线索分明，重点突出，这样的内容显得很甜美。

2.形式美。布局合理，排列有序，条理清楚，具有立体美、对称美、奇异美、多样美、和谐美和造型美。

3.书法美。字迹工整，一丝不苟，合乎规范，美观大方，使学生受到美的陶冶。

4.结构美。板书结构一求匀称，二求精巧。匀称可能很精巧，精巧却不一定匀称。可以说，结构美就体现在任何一则板书上。

说板书设计既要注意排列美，这是外观美，更要注意组合美，这是内容美。好的板书设计，要根据教学的思想、设计思路、教材意图，对原教材的顺序进行重新调整，产生一种暗示效应，使信息得到浓缩。下面列举全国板书比赛获奖课例加以说明：

案例5-4 《童趣》板书设计

《童趣》

沈复

观蚊成趣(怡然称快)

渺小之物————→物外之趣神游山林(怡然自得)

鞭驱蛤蟆(兴正浓→哑然一惊)

这则板书的设计包含了从生活中发现"物外之趣"的方法，课文的主要内容及课文朗读的感情指导，起到一个课程提纲及对教学方法重难点强调提醒的作用。

案例5-5 《在山的那边》板书设计

山	海
铁青、无数	信念凝成、全新的世界
奋斗之路：漫长、艰巨	
困难、挫折	理想、奋斗目标
实际生活的世界	想象性的世界
封闭、灰暗、压抑	开阔、光亮、自由

第三节 说教学过程的方法

一、以语言表述为主的说教学过程的方法

这一类说教学过程的方法，主要是指借助于语言，通过说、听双方的语言交流，达到传递和转化信息目的的方法。这类方法的共同特点和优点是更能突出体现说课重"说"的特点，口头语言表述是说教学过程的最直接的方式，运用语言作工具达到使听者掌握说课信息和内容的目的，故又称为语言传递为主的方法，是说教学过程的重要方法。因语言是交际的工具，是说课过程中重要的认识媒体，说课信息的传递、储存和检验主要靠语言的手段，语言和现代化说课工具的使用相配合，必能发挥更大作用。此类说教学过程的方法包括讲说法、对说法和论说法等。

（一）讲说法

讲说法是说课者运用口头语言，通过系统地讲说，向听者传递说课信息和内容的方法。它是目前在说课中应用最广的一种方法。

讲说法的最主要特点，侧重于说课者的活动，是说课者运用口头语言作媒介，按照自己准备好的内容向听者进行述说。因此，在讲说过程中能有效地把说课信息和内容系统连贯地传递给听者。由于讲说法以说者为主，说课质量的高低取决于说

者对讲说法的运用，这就充分发挥了说课者的积极性和主动性。

讲说法的功能，一是可以让听者对说者述说的内容有一个系统完整而深刻的印象，便于对其做出评价；二是这种方法主要靠说课者的述说，不受场地、教具、设备等客观条件的限制，可运用于各个年级、各门学科的说课；三是能客观反映出并有效地锻炼和提高说课者的语言表达能力，而较强的语言表达能力又是教师应具备的基本功之一。在说课实践中，说者的语言表达能力是有很大差别的，有些说者语言生动、清晰准确、富有艺术性，有的则不同，说课效果的差异极大。运用讲说法说课，可使说者的语言表述能力得到实际锻炼，进而为提高说课效果创造条件。

讲说法的局限性：运用这一方法虽能发挥说课者的主动性，但易形成说课者在说课过程中的独角戏，又因讲说法的特点是侧重说者的讲说活动，所以听者活动较少，不利于充分调动听者的积极性。

运用讲说法的一些基本要求：首先要求说课者必须认真组织好讲说内容，使讲说内容具有高度的科学性、思想性和系统性，又要突出重点、突破难点、抓住关键，讲说时要条理清晰、层次分明，前后问题要有严谨的逻辑关系，以便听者融会贯通；其次要处理好讲说与听的关系，在说课中切忌单独运用讲说法，还要与其他说课方法相配合，以充分调动听者参与活动的积极性，活跃说课气氛，保证说课的良好效果；其三对说课者语言要高标准要求，如要求讲说的语言要清晰、简便、准确、生动，并有较高的艺术性和启发性，还要恰当地运用板书，并注重听者对讲说效果的及时反馈等。

(二)对说法

对说法是指说、听双方以对话的方式进行说课信息交流的方法，它是说教学过程的一种方法。对说法的主要特点是侧重于说、听双方的活动，是通过说者与听者进行谈话和问卷的方式进行。因此，说课者在说教学过程中说出自己的教学设想及理论依据，可以请听者谈谈自己的观点和见解，也可以由听者对说者的述说提出问题,让说者做出解答或重新说清楚。这就使说者与听者之间问和答交替进行,及时进行双方信息的交流,也充分调动了双方的积极性。

对说法的功能:一是能充分调动说、听双方的积极性;二是能使说者及时发现自身在说教学过程中的不足,并得到及时纠正,使述说更科学、更合理、更完整;三是能促进说、听双方智能的发展。因说、听双方对话的过程,也是一个不断生疑、质疑和解疑的过程,在此过程中,也就发展了双方的发现、分析和解决问题的能力。

对说法的局限性表现在运用这一方法虽能调动说、听双方的积极性,但由于说、听双方为探讨某些问题需要付出一定时间,不免会造成延误说课时间,因此,在运用对说法过程中应当加以适当控制。

运用对说法的基本要求主要有:首先要求说者在备课时要做好说课对话的准备,拟定好对话所需的问题,列出对话提纲。其次,应当根据说课的目的、任务和教材的特点决定是否适宜采用对说法。三是说、听双方要针对各自提出的问题,充分交流观点和见解,力求问题解决得更透彻,特别是在所说知识内容的科学性、思想性上更精确,经得起推敲。在说教学过程中,说教法和学法上更加适应教材和学生的实际特点。四是说、听双方要依据说课的主体展开说课过程,不能在琐细的问题和枝节性问题上过多纠缠。五是说、听双方注意要紧紧围绕教材的重点、难点和容易混淆的关键点进行对话,切忌过深过细或者超出学生应掌握的范围。

(三)论说法

论说法是指说、听双方针对同一课题,以讨论、议论或争论的方式进行说课内容相互交流的方式,是说教学过程的一种常用方法。

论说法的主要特点是侧重于说、听双方不分角色地活动,是在无特定说课人的情况下,参与说课者既是听者同时又是说者,对某一课题各自说出自己的教学构想和理论依据,充分发表各自见解,展开深入的讨论,最后得出正确的结论,改进说课过程。这种方法是在民主、和谐的气氛中进行的,有利于各抒己见、共同提高,有利地促进教师教研活动和说课活动的深入开展。

论说法的功能主要是：一是相比于其他说课方法，能更好地提高说教学过程的质量，讲说法是说课者个人智慧的体现，对说法是说课者与个别听者的智慧，而论说法是集中说课参与者群体的智慧，使教学过程的设计、结构等更加科学、合理，从而提高说课质量；二是拓宽说课者和听课者的思维，通过共同讨论，不仅能相互了解，而且在相互启发中拓宽了各自的思路。使每个人都有发表见解的机会，充分发挥百家争鸣的学术空气，不仅有利于提高说课的效果，也发展了说课参与者的探索发现能力和分析判断能力。

论说法的局限性表现在运用这一方法虽能充分各抒己见，展开讨论，但是容易场面失控，难以得到期望的效果。

运用论说法的基本要求是：首先，进行说教学过程的参与者最好是同类课教师，这样大家有共同的目标、任务和知识背景，就能更好地调动参与者的积极性，不至于出现"冷场"现象；其次，针对说课内容，选择讨论和争论的问题，各抒己见，力争得出正确结论，如有不同意见，可求同存异，在实践中继续进行验证。

案例5-6　初中第九册第二单元《孔乙己》说课稿[1]

一、教学内容

《孔乙己》是初中第九册第二单元中的一篇小说，《孔乙己》是一篇短篇小说，却极其深刻地反映了孔乙己一生的悲剧和整个社会的世态。它揭露了为封建科举制度所残害的读书人的痛苦，是一篇讨伐封建制度以及封建文化教育的战斗檄文。小说充分运用外貌、语言、动作等方面的描写，鲜明地表现了孔乙己这个人物的性格特点，成功塑造了孔乙己这个封建下层知识分子的形象。教这一课不仅能帮助学生

---

[1] 《孔乙己》说课稿[EB/OL].http://www.wyrj.com/teacher/shuoke/yuwen2/55202.html, 2010.9.14.

深刻理解小说的思想内容，而且还能启发学生怎样欣赏小说。

二、教学目标

教授本课主要是培养学生欣赏小说的兴趣和基本方法，从而培养和提高他们对小说的欣赏能力，为今后更好地阅读和欣赏小说打下基础。孔乙己是我国现代文学长廊里很突出的一个人物形象，可以这样说，只要成功地解读孔乙己这个人物形象，欣赏《孔乙己》这篇小说的目的就能达成。因此，我们把这篇课文的教学目标确定为：

1.认知目标：进一步了解通过外貌、动作、语言等描写及侧面描写来刻画人物形象的方法。

2.能力目标：从理解作品塑造人物形象方法及作品的社会意义的角度入手，初步学会欣赏小说的基本方法。

3.情感目标：感受作者对孔乙己"哀其不幸，怒其不争"的感情，感受作者对封建文化教育的忧愤之情。

这样的教学目标，为学生提供了欣赏小说的方法和途径之一———通过筛选关键语句，分析人物的性格特征，评价人物的社会意义，理解小说的主题。

根据以上教学目标及教学对象，对孔乙己性格特点的分析是教学重点，而由于学生对小说的背景和小说所反映的当时的社会现实缺乏了解，因此，分析造成孔乙己悲剧的社会原因是教学难点。

三、教学方法

文学鉴赏本来就是仁者见仁、智者见智的精神活动。不同的人有不同的眼光，不同时代的人的眼光更是千差万别。为此教学中，可设计几个讨论性的问题，让学生对小说中人物性格、主题、阅读感觉进行充分讨论。学生的回答，只要是经过认真思考的，表达出来又能自圆其说的，我们就肯定。课堂中形成了一种"学生为主体，教师为主导"的师生互动，使学生一反被动、静止的状态而富于强烈的参与意识，最大限度地调动全体学生的学习积极性，能提高课堂教学的效率。

四、教学环节

基于上述教学目标和教法设想，在教学环节上设计如下：

1.提示课题，了解时代背景

为学生分析人物形象、理解小说主题提供基本条件。

2.分析人物的悲惨命运

在讲授这篇小说时，我改变了传统的分析结构层次、讲授写作方法的做法，对本文的信息顺序作了适当调整，首先设计这样一个问题：

小说最后一段写道：我到现在终于没有见——大约孔乙己的确死了。你认为孔乙己到底是死了，还是活着？为什么？

设计这个问题，目的有两个：一是激起学生的探究兴趣，并能以课文为依据陈述观点，培养筛选能力；二是为分析孔乙己的性格及其社会原因打好基础。

通过这个问题的讨论，学生从结局入手，对孔乙己的悲惨命运、性格特点作了思考分析。

3.突破教学重点和难点——分析孔乙己性格特点及其社会原因

分析孔乙己的性格是为突破"社会原因分析"这个教学难点做准备，同时，通过对孔乙己性格的分析，让学生初步掌握从分析人物性格入手欣赏小说的基本方法。为此，可要求学生深入具体课文，快速阅读找出神态描写、动作描写、语言描写等方面语句，圈点主要词语、句段，分析孔乙己好喝懒做、迂腐守旧、穷困潦倒、死要面子、自命清高、自欺欺人、心地善良的性格特点。在此基础上，要求学生从文中筛选重点语句，进行分析、归类，加以论述，多角度分析孔乙己的死因。

4.评价孔乙己这一典型形象的意义

为了使学生对孔乙己这个人物形象有更深刻的认识，对《孔乙己》这篇小说的主题有更深刻的理解，也为了使教学更有层次感，更为了让学生初步了解从分析小说典型形象的社会意义入手欣赏小说的基本方法，可设计这一环节，让学生在对下列问题的讨论中，理解孔乙己这一典型形象的意义。具体问题如下：

①作者对孔乙己这一人物是否同情？为什么？

②作者对孔乙己这一人物是否怨恨？为什么？

③作者为什么要刻画孔乙己这个典型形象？

5.教学小结

教学小结具备两大功能，一是反馈课堂教学效果，二是整理课堂教学思路与方法。为了充分发挥教学小结的这两个功能，可设计下面的问题，让学生在讨论中完成对本课的教学小结：

①学了《孔乙己》这篇小说以后，你在阅读小说方面有什么收获？

②你对封建科举制度有什么新的认识？

二、以直观表演为主的说教学过程的方法

这类说教学过程的方法主要是指说课者借助于直观教具手段通过实地表演和演示进行说课的方法。它所借助的直观手段包括所说具体事物及其形象物，通过说课者借以进行的实物表演和演示，让听者通过感官获得有关事物的鲜明印象或清晰的概念，因此又称为直观感知的方法。这类方法主要包括：

(一)演说法

这里的演说法，并非一般的在众人面前的演说，作为说课的演说法，是专指说课者借助于教具演示的方式进行说课的一种方法。其特点和优点是它反映了由生动直观到抽象思维的认识活动规律，可把所说的抽象的认识具体化、形象化，使听者获得生动的感知，以便在此基础上通过抽象思维形成科学概念。说课若能伴随着述说运用实物、图片、模型等教具，对某些内容进行演示，从而增加述说内容的直观性、

生动性，即能极大地提高说课效果。

演示的种类按教具区分，可分为：(1)实物、标本、模型的演示；(2)各种图表的演示；(3)幻灯、影视的演示；(4)实验演示；(5)其他各种现代化教学手段的演示等。可根据说课的需要去选用，或演示单个物体，或演示事物发生发展的全过程。它的作用是：一是能增强说课内容的直观性。虽然语言述说也是说课信息交流的工具和形式，但其效果远不如给人呈现有关内容的生动形象效果更好，即常说的"百闻不如一见"。二是能够显示说课者运用教具及其他教学手段的能力。说教学过程中说课者运用直观教具边说边演示，就是教师的基本功和动手能力的综合表演活动，它具有提高教师教学能力的功能。

在运用演说法时要求做到：首先是做好充分的准备、周密的计划和详细的安排。根据说课者的目的和任务，准备好运用的教具及演示用的其他工具，说明如何安排演示以及怎样演示。其次要说明如何引导学生充分感知所学对象。与听者加强交流，研究如何动员与组织学生的各种感官，做到充分感知所学事物，使学生注意观察所演示的东西的主要特征和重要方面，防止注意力分散到细枝末节上，形成明确而清晰的概念。三是同讲说法和对说法的运用相结合，能够收到更好的效果。这是有生理科学依据的。从生理学上讲，人的高级神经活动，接受刺激的量有两种，即实物和语言(词)，前者为第一信号，后者为第二信号。只有两种信号相结合才能对人产生强烈刺激作用，留下深刻印象。在运用直观演示时，一定要配合语言讲解，比方说在展览馆或科技影片中需要有讲解员和解说员，因此此法不宜孤立使用，也不能使用过于频繁，当听者(包括学生)已有某些感性知识时，没有必要使用。

(二)表说法

表说法是指说课者借助于语言、动作行为或其他"教"通过"行"实地表演的方式说教学过程的一种方法。它的主要特点是说课者运用艺术的语言和形体动作等形式将教学过程中的内容具体化、形象化。说课者通过演唱或做示范动作，使说课内容立体化，给听者一个形象逼真的感觉。这种方法主要运用于体、音、美各科，也可运用其他各科说课。这种方法也可与其他说课方法相互配合使用。如物理课说课中说电学部分"左右手定则"，就要求说者边讲边用手势比画，这也属于运用表演法说课。

表说法的功能有：首先，可以有效地促进说课者业务素质和能力的提高。特别是体、音、美等学科教师的业务素质和才能，单独依靠语言叙述难以实现。这些学科过去往往被称为技能课，其特点要求教师必须进行实地表演才能进行教学。过去有的美术教师一上课就将插有鲜花的花瓶往讲台上一放，让学生照着去画，自己却袖手旁观。这样的美术教师任何人都可以做，而这种方式教出来的学生的绘画技能怎么可能提高呢？因此，在说技能课的教学过程中，只有通过教师的动作表演，才能把课说活，使教学过程变得生动活泼、活灵活现，增强课堂教学效果，提高教师的业务素质和能力。其次，此法在体、音、美等科的说课中具有其他方法无法替代的独特作用，在表演过程中那些优美的体育动作、悠扬的旋律和悦耳的歌声以及熟练操作的绘画技巧等，不仅给听者和学生做出科学而准确的技能示范，同时也赋予了美的享受。

运用表说法的基本要求主要有：首先是做好充分准备，准备好教学过程中需要用的教具和学具，并利用教具和学具做反复的表演练习，检验教学学具的运用是否熟练；其次，在说教学过程的具体表演中，需要注意演、讲结合，将全套表演分解为若干镜头，在演的过程中讲解其动作要领及注意事项，以便让学生了解说课者所表演的动作要领；三是表演要简捷精练，既要抓住主要环节，又要做好技能表演，不能使教学过程变成教师自己的独角戏。

案例5-7　小学6年级音乐《我的祖国》说课稿[1]

教学过程

[1] 《我的祖国》说课稿[EB/OL].http://www.wyrj.com/teacher/shuoke/yinyue/55295.html, 2010.10.25.

一、教具准备

为教学过程我准备了远程教育课程资源、音乐《我的祖国》、歌曲《中华人民共和国国歌》以及自制课件。

二、环节安排

整个环节我安排了"看—说—赏—唱"四大部分。

三、说教学流程

(一) 看

1.升国旗

运用课程资源中的升国旗的课件对学生进行引导，让学生再一次真切地感受升国旗时的庄严和自豪。农村教育课程资源网上的资源非常丰富，播放资源网上的课件——升旗仪式。学生在看升国旗的过程中不自觉地想到我们伟大的祖国，在第一感官上感受祖国。

2.图片资料

教学的情感最能带动学生学习音乐的积极性，而图片资料能充分地激发学生的爱国情感。

教学中，让学生充分感受新中国的成立不容易，祖国为我们创造的环境不容易，全国人民共同面对灾难不容易。我们要更爱伟大的祖国，让我们说出对祖国的爱。

(二) 说

在观看了升旗仪式后，学生有了不少对祖国的感慨，让学生适时地用自己的语言表达出对祖国的情感。

在课程标准中明确要求学生能表达出自己的学习感受，引导学生表达出自己的爱国情感。情感在积蓄之后需要表达，让学生说出自己的爱国情感，充分交流内心的情感，才能为唱好歌曲做好铺垫。

（三）赏

欣赏歌曲《我的祖国》。

1. 听

音乐是听觉的艺术，音乐艺术的一切实践都须依赖于听觉，因为听是音乐艺术最基本的特征，因为这种特征，更明确了音乐教育中，发展听觉是最重要的事情。在听歌曲《我的祖国》中，先让学生了解相关的背景，让学生知道中国人民志愿军战士抛洒热血、牺牲生命，帮助朝鲜人民击退了侵略者，换来了祖国的安全和朝鲜人民的自由、独立。

学生聆听歌曲，课程资源网上的老师的做法让我对学生听的要求有所体会，让学生在听的时候有所指向，带着问题听：注意歌曲的演唱形式是什么？它的情绪是怎么样的？

学生能从歌曲中感受祖国的壮丽与美好，再让他们体会这种美好生活来之不易。能有今天的安定、美好的生活，是靠千千万万的英雄先烈付出鲜血甚至生命得来的。我运用激情、激趣的方式让学生感受歌曲、体会歌曲，并在音乐的变化中体会音乐情绪的转变。

2. 跟唱

播放歌曲的第一段，学生跟唱。

听赏歌曲《中华人民共和国国歌》。

国歌对于学生来说都是耳熟能详的，他们会在不自觉的过程中跟唱歌曲。老师运用指挥欣赏法带领学生欣赏《国歌》，为继续学习演唱国歌做准备。

（四）唱

《音乐课程标准解读》中提到：歌唱教学是音乐教学的基本内容之一，也是学生最易于接受和乐于参与的音乐表现形式。国歌对学生来说虽然熟悉，但要想唱好国歌并不容易。

介绍歌曲的创作背景,并知道词曲作者。在这里,我借助了中央电教馆资源中心的课程资源对两位音乐家进行简单的介绍,并让学生了解国歌被确定的背景。

1.模唱歌曲

播放录音,并请学生轻声跟唱全曲。

初遇难点,提出解决的方法。

本堂课的难点之一:弱起。

方法一:在国歌中,第一、二、三句的歌词中有弱起,我要求学生在听赏歌曲的时候要注意观察老师的手势,用老师手势来提醒学生弱起,在老师的手势指挥提醒下跟琴唱好弱起。

方法二:请学生在弱起(休止符)处演唱"恩",再加上后面的歌词,熟悉之后将唱改为默唱,如此反复,巩固弱起。

方法三:这个方法是方法二的演变,将弱起处演唱"恩"用点头的方式代替,也能达到攻破难点的效果。

2.再次演唱全曲,处理好歌曲的情绪

歌曲的情绪是由歌曲的音乐符号以及歌曲本身的调性决定的。

跟老师琴声演唱全曲。

国歌在演唱时应该用坚定有力的声音,并以进行曲速度来演唱。通过刚才的情绪引导让学生感到了祖国的伟大,可以直接要求学生演唱出国歌的情绪,特别是在有重音记号的地方要表现出相应的力度,此处由老师示范重音的演唱:"中华民族到了"以及"前进!前进!前进!进!"学生在老师的示范中体会重音,体会中华民族的伟大力量,再由学生表现这种力量。

歌曲的情绪变化还能通过渐强记号和渐弱记号来表现,国歌中有三个连续的

"起来"的变化就是由渐强记号来体现情绪的变化的。老师用琴声的变化来展现渐强的力度变化，学生模唱，从而体会到祖国越来越强大，越来越繁荣。

3. 齐唱国歌，表现歌曲

"以情带声，声情并茂"是歌唱教学中期望达到的重要目标。

在老师琴声的带领下整体齐唱歌曲，要求学生用坚定有力的声音演唱出国歌的雄壮，唱出中国人的自豪，唱出中国越来越强大的骄傲。同时还要求学生的声音圆润、集中，克服喊唱。

4. 表现歌曲

利用远程教育资源网上的课件让学生参与表现升国旗，表现升旗时的庄严，并用骄傲、自豪的声音演唱国歌，以达到表现歌曲的效果。

第四节 说教学过程的技巧

一、说内容要"深"

任何一门学科，都具有一个相对完整的学科知识体系，而课堂上每节课的内容都是整个学科知识体系中的小分支。例如语文学科，它要求教师在教学过程中要就一段内容追本溯源，依据这段内容在大纲中的位置，依据课程要求，顺藤摸瓜，准确说出这节课的要求。至此，这节课的教学目的、重点难点就可以确定了。反之，如果脱离内容要求，就使整个教学过程变得虚无缥缈，让学生一头雾水。

二、说方法要"实"

方法既包括教师实施教学目标的教法，又包括学生在学习这门课过程中要掌握的学法。只有教法得当、教师才能科学施教；只有学法合理，学生才会产生学习兴趣。要做到教法得当、学法合理，教师在备课说课过程中就必须做到"实"，做到从教材和学生的实际情况出发，遵循学生掌握知识过程"由浅入深、循序渐进、由感性到理性"的认识规律、理论联系实际的原则以及传授知识和发展能力相结合等教学原则确定教法、教学手段和学法。作为教师还要具有全局观，树立因材施教的思想，实行分层优化，采取传帮带、小组讨论等方法，促使优等生帮助后进生提高。总之，教无定法而贵在得法，教师需找准出发点，采取切实可行的教学方法，实现教学目的。

三、说习题要"准"

课堂练习与课后作业是检查课堂教学效果和巩固课堂教学内容的手段，所以习题设计一定要"准"，既要能够准确体现教学目标、重点难点，又要与考试题型、难度相吻合，否则就会收效甚微。同时，教师设计练习题要考虑不同类型学生的接受能力，做到因材施教、分层设计、区别对待。

四、说程序要"精"

说教学程序与前几项相比，应当更加详细，因为课堂教学程序的设计和安排不仅是说课的出发点，也是整个说教学过程的落脚点，是贯穿整个过程的一条主线。但是说课毕竟不同于授课，课堂教学程序无需将教案全搬出来，而要做到一个"精"字。

案例5-8 《祖国啊，我亲爱的祖国》说课稿[1]

说教学过程

好的教学过程必须通过好的教学设计和教学实践来体现，为此，我是通过以下环节安排教学程序的：（1）激情导入；（2）明确目标；（3）指导朗读；（4）问题探究；（5）拓展练习。

这五个环节环环相扣、循序渐进，把教学信息的传递由单向性向双向性、由双向性向多向性传递。期间我还会穿插图、文、配乐朗读，增加课堂教学的新颖性和形象性，使课堂教学达到最佳效果。

---

[1] 《祖国啊，我亲爱的祖国》说课稿[EB/OL].http://www.wyrj.com/teacher/shuoke/yuwen2/55291.html，2010.10.25.

一、引导入境

在上课开始，我将送给同学们一幅亲爱的祖国的图画，用画中湛蓝的天空、飘扬的五星红旗、雄伟的天安门激起学生对祖国的美好遐想。我趁机用激情的语言导入新课。(同学们，爱国是个古老的主题，从《诗经》发轫，《楚辞》登程，在中国历史上涌现出了以屈原为代表的众多的爱国诗人，他们在诗中抒发的爱国之情总是和忧虑国家的命运相联系的。经历了"文革"浩劫之苦的朦胧诗人舒婷，以其沉重的历史积淀，将个体的"我"汇注于祖国的大形象，抒发了富有时代特征的一代人的严峻思考、深刻反省和顽强追求。今天，我们就一起走进这与传统一脉相承的《祖国啊，我亲爱的祖国》，去体会诗中强烈的爱国之情和历史责任感。)

二、出示目标

在学生的积极性已被调动、课堂气氛比较活跃的情况下，我因势利导出示本节课的教学目标，同时交代重点、难点，让学生明确本节课的学习目标。

三、指导诵读，感悟诗歌

学生的学习应该是积极主动地参与，而不是被动地接受，因此课堂上要努力使学生动起来。最好的方法是通过读来领会内容、探索问题，为了能抓住实质问题，我依照听读—导读—学读的程序来让学生感知理解这首诗。

1. 听范读

范读能最直接地表现诗歌的音乐之美、情感之美，能直接地触动学生的感官和心灵，并引起诵读的冲动。因此，我把范读放在第一步，通过深情的配乐朗读，便于学生进入诗的氛围，奠定了下一步赏析的基础。

2. 导读

学生诵读诗歌的兴趣激活了，接下来如何让学生去读呢？大家都知道，诗歌是以感情来感染读者的文学作品，因此人们对诗歌的朗诵就有更高的要求，感情必须真挚，要掌握轻重缓急的节奏以及抑扬顿挫的语调，《祖国啊，我亲爱的祖国》这首诗共四节，每一节的感情和语调都不同，诗人的感情由低沉叹息逐渐到亢奋热烈，这种变化是历史发展在诗人心灵中折射的必然。

3.学读

我们常用"临渊羡鱼，不如退而结网"这句话强调的是实践的重要性，我们也只有在教学过程中把学生的学习实践贯穿始终，我们的教学才有成效，这也正体现了新课程三维目标中的过程与方法这一目标要求，因此我在导读之后设计了学读这一环节。

(1)指导学生自己试读，在书上标出节奏和重音。

(2)指名读，学生点评。要求读准字音，读出节奏和重音。

(3)配乐全班小声跟读，再次享受诗歌的音乐美。

听读、导读、学读的过程，就是阅读的过程、训练的过程以及和作者进行情感交流的过程，这一过程也就是学生对整首诗由意象到意境的认识过程，是学生对诗歌的整体感知过程，更是理解和体会诗歌思想感情的过程，做好这一环节也就水到渠成地使整个教学进入问题探究这个环节。

四、问题探究

我们常说"读吟百遍，其义自见"，学生通过这么多次的诵读之后，对诗歌的内容已有了基本了解，但我们都知道要深入理解一首诗的思想内容，必须结合作者所处的时代以及他的生活经历，因此，我将把如下问题的探讨和作者所处的时代背景相结合，帮助学生更深入地理解这首诗的思想内容。

1.这首诗写了哪些意象？这些意象象征了哪些社会内容？

教师指出前两组意象及含义，学生自由讨论后两组并选代表发言。

第一节：连用"老水车"、"矿灯"、"稻穗"、"路基"、"驳船"五个意象并以"破旧"、"熏黑"、"干瘪"、"失修"等修饰语，来描绘祖国所承受的苦难与忧患。第二节用"悲哀"、"希望"、"飞天袖间"的"花朵"表现祖国和人民没有因贫困而丧失希望，只是长期以来希望太渺茫。

2.这首诗意象的选择与运用有什么特点？

(1)诗人善于从不为常人注意的平凡事物中发现美。

(2)意象具有层递性。

(3)意象体现了主客相容性。

3.每节诗末的"祖国啊"所抒发的感情是否一样，从中可看出诗人的情感有何变化，为何有这样的变化？

(不一样，第一句抒发诗人难以言状的悲哀之情；第二句蕴含着诗人的几多痛苦几多希望；第三句是诗人对祖国母亲的壮丽誓言；第四句是诗人对美好祖国感到无比自豪时抑制不住的深情呼唤。可见，诗人的感情由低沉叹息逐渐转向亢奋热烈。)

4.背诵指导：理清思路，抓关键词。

五、拓展练习

通过以上教学过程，诗的思想内容学生已经掌握，但这并不是我们学习这首诗的最终目的，任何一篇文学作品，我们都要学习作者巧妙的写作技巧和方法，这有利于培养学生学习的兴趣，提高他们阅读和鉴赏文学作品的能力。拓展练习我要求学生写一段热爱祖国的文字，其中要运用比喻和象征的手法。要求学生三分钟内完成，先互相评议再推荐朗读，最后教师评议。

六、布置作业

1.背诵诗歌。

2.课下阅读舒婷的《致橡树》，体会其中意象特点。

第六章　说课评价的艺术

　　说课、评课是教师在日常教学活动中经常性的不可缺少的教研活动，是促进教学观念更新、教学经验交流、教学方法探讨、教学艺术展示、研究成果汇报、教学水平提高等的重要途径和主要手段。说课、评课过程是教师在互动中获取经验、自我提高的过程。因此，说课、评课是教师研究课堂教学、提高业务能力最有效的途径。说课和评课是一脉相承、相互促进的。只说不评或只是听课、评课而不说课，都是片面化的教研，因此，应当认识到评课跟说课一样重要，对于教师自身的发展、学校教学质量的改进、教育教学改革的发展都意义重大。

第一节　说课评价的意义

　　说课只"说"不"评"作用不大，只有把"说"和"评"结合起来，才能使教师从更深层次的理论高度去研究课程与教学，更加正确地把握说课的方向，进而更有效地促使教师自我加压，提高教研的积极性。因此说课评价的意义十分重大。

　　首先，从宏观角度看，中国新课程改革向新老教师发出了挑战，老教师要开始打破固有经验和已经建立起来的传统教学方式方法，接受新的理念和新的实践方式；新教师在适应自身角色转换的同时，又要积极学习理解新思想、新方法。其中说课和说课评价就成为教师实践—反思—提升的重要依托，尤其是说课评价的过程，更是教师对一堂好课的鉴赏力的提升过程。国家的发展靠教育；教育的发展靠教师，教师的成长和总体质量决定了教育的质量，因此说课和评课对于宏观教育改革和发展意义非凡。

其次，从中观层面来看，教师队伍的质量是衡量一个学校总体水平的重要指标，是学校的软件系统。教师是实施课程的人，是课程质量的关键影响因素。经常进行说课评价，有利于促进课程实施水平的提升。参照说课质量评价体系，对说课的质量进行评价，能够将学校的办学理念和教师的教学实践衔接在一起，是校长贯彻学校办学特色的有效途径。

第三，从微观层面来看，通过进行说课评价，可促使教师学习有关教育理论，研讨评价标准，深入课堂听课，参加说课评议活动。这一系列的教学活动和教学实践，将促进广大教师努力钻研教材、领悟教学内容、积极探讨教学规律、交流教学经验，从而提高教师的专业化水平和教学技能，同时有利于促进学科教师教学方法和学生学习方法的改进。科学的说课评价方法，能对教学过程中教师的"教"和学生的"学"做出客观定量的评判，从而促进教师教学方法、学生学法的改进。对教师自身的职业生涯发展，也能起到促进规划的作用，有利于帮助教师成长为专家型教师、研究型教师。

当然，知道了说课评价的意义并不足够，要想真正实现说课评价的意义，关键是要评得正确，评得有价值。正常参加各种级别的教研活动，经常听到一些教师的评课，最常听到的有两种声音：一种是大唱赞歌，缺点和有待提高之处避而不谈或者一语带过，"某教师的课说得很好，思路清晰，学生思维也很活跃，教师的基本功也很好……"；另一种恰恰走向另外的极端，"今天某教师的课，好的地方我就不说了，我就说说值得商榷的地方……"，说得似乎很给面子，但让被评价人感觉多少是不那么舒服。这两类评课的方式，实际上都有所不足，第一种评课者的评课来得太过空泛，套话、空话太多，没有给出建设性意见和建议，实质上是对说课老师的敷衍，是缺乏诚心的表现，或者就是评课者真的不知道说课老师的好究竟好在什么地方，这就成了是水平不够的问题了。第二种评课者的评课倒是真想帮助上课的教师，态度也是诚恳的，但这样的评课对说课者究竟能有多大的帮助是值得怀疑的。我们教育学生讲究要宽以待人，要善于发现学生身上的闪光点，赏识教育，那么对待公开说课的老师，他们同样需要肯定和鼓励，提出问题固然好，但对于优长的部分也是要给予认同的。那么我们究竟怎么去把握评课的分寸才是有意义的评课呢？

首先要以欣赏的眼光、学习的态度来听说课，集中注意力去听，善于挖掘每一课的成功之处，所谓"尺有所短，寸有所长"，一名教师的说课是其精心准备的，是其智慧的结晶，是深思熟虑的成果，不可能一无是处。评课的时候多给上课的教师，特别是年轻教师一些支持和鼓励是必需的，这对树立他们对教育工作的信心、培养他们对教师职业的热情是很有帮助的。

此外，赞赏和鼓励必须是发自内心的，表扬其课说得好，就要从一些环节或者细节着手说出具体好在什么地方，而不能泛泛而谈，没有一点实在的内容。对于不足之处可以以提建议的方式说出我们的想法，以期取得较好的效果。总之，表扬与批评都必须针对具体的内容，必须要有指向性，才能对彼此都有实际意义。

那么怎么能做到有指向性地评课呢？就要从以下几个角度去审视：

一是评析说课者对教材的理解程度。说课者对教材所处的地位及前后联系的理解、分析是否正确；对教学目标的确定是否明确、具体、全面；教学重点、难点的确定是否恰当，能否分清主次，抓住主要矛盾。

二是评析教法的选择和运用是否合理、实用。是否适合该学科的教学要求、特点；是否根据具体的教学目的选用教法；是否符合学生的年龄特点；是否调动学生的学习积极性。

三是评析方法是否具有指导性和可操作性。教法是否符合学法，与学法相适应；是否考虑到学生实际情况，如对不同层次的学生的不同指导，所应达到的不同目标等；是否明确培养学生的某种能力和学习习惯。

四是评析教学程序的设计是否科学,是否能达到教学目的。授课内容是否科学、正确,是否注重了思想教育;教学结构是否合理,重点是否突出,难点是否突破;教法是否灵活多样,学法是否指导得当。

说课的意义、说课的目的在于对教师进行全面了解,并进行综合评价。在广大教师积极参与过程中,促进教师素质的提高,进而大面积提高教育教学质量。良好的说课能把理论与实践结合起来,它集"备中说、说中评、评中研、研中学"为一体,是一种能使教研能力不断提高的有效途径。

第二节　说课评价的内容

说课有说课的原则和依据,那么对于说课评价的内容当然也是要根据一定的指标和标准展开,这样才使得优缺点更明确,可改进的空间更清晰地呈现给说课者,也能为其他听课的教师提供详细明确的参考和启示。

那么何为说课评价的指标呢? 首先我们来了解一下各项评价指标的含义:

一、教材分析

(一)教材的地位及作用

阐明本节内容在整个知识系统或在本册教材、本章中的地位。学生在刚刚学到哪些知识的基础上讲解这段内容,前后知识的联系。本节内容在整个教材中处于什么样的位置,对于发展学生思维、培养能力方面有什么重要作用等。

(二)教学目标及确立目标的依据

确立教学目标,它应包括三个方面,即知识目标、思维能力目标及思想教育目标。教学目标的确立应充分尊重大纲及教材对学生的基本要求。目标要切合实际,要具体、明确，具有可操作性，确定目标的依据要具体阐述。

（三）重点、难点及确定重点、难点的依据

重点难点确定准确。确定重点要联系教学目标，确定难点要符合教材内容和学生的实际，阐述解决重点难点的目的意义。

二、教材处理

（一）学生状况分析及对策

针对本节内容，阐明学生已有的知识基础、思维结构、能力层次，对掌握本节内容有哪些不利因素，重点应考虑哪些问题，采取哪些对策。

（二）教学内容的组织与安排

针对学生的实际情况，阐述在处理本节内容时，为完成教学目标、突出重点、分散难点、对教学材料的挖掘、教学内容的安排、顺序的调整、材料的补充等方面做了哪些具体工作。针对学生的认知能力结构的协调发展以及思想教育与素质教育的体现做了哪些具体工作。特别是在材料的安排、内容结构上能提出一些创造性的意见。

三、教学方法

（一）教学方法及选择的依据

阐明本节课所用的教学方法，所选择的教学方法的依据，要达到什么目的。

（二）教学方法的灵活性、实用性

所选用的教学方法在整个教学过程中，针对具体内容、学生实际，要灵活、实用。所选择的教学方法要立足面向全体学生，要充分调动学生的积极性，正确处理主导与主体的关系，不脱离教学实际，体现实用性特点。

（三）学法指导

学法指导的含义是通过教学，将指导学生学会什么样的学习方法，培养哪些能力。科学的学法指导是智能发展目标得以实施的重要途径。

四、教学手段

(一)教学手段新颖

教学手段一般包括图表、模型、投影、录像、计算机等。提倡教师充分运用现代化教学手段,阐明本节课上课时所用教学手段,说课时设计采用的教学手段,包括实验教具、电化教学等的应用、演义是恰当的,要明确这些手段的作用及其运用的合理性。

(二)新课导入

能够提出恰当的问题,激发学生的学习兴趣,使学生尽快进入状态,并能积极思维,配合教师在热烈的气氛中进行教学。

五、教学程序

(一)新课讲解

阐明教师怎样运用有效的教学方法充分调动学生的学习积极性,对所讲的内容按怎样的程序进行处理,采取什么方法、手段,重在培养学生哪些能力,怎样充分暴露学生的思维过程,使教师的任务重在"导"字上,让学生真正参与到教学过程中。如何创造一种宽松的环境,切实让学生充分动手、动口、动脑,做到教师会教,学生会学。

(二)反馈练习

练习可贯穿于整个课堂之中,阐述练习题的来源、练习题的功能、练习题的操作、练习题的变化。练习要有目的,有成效,量要适中,难度要适当。所选练习题要体现出层次性、系统性、联系性、针对性。

(三)归纳总结

本节结束后,要总结哪些内容,其目的是什么,如何总结,如何将本节内容纳入已有的知识系统中,发挥承上启下的作用。

(四)板书设计

这里的板书是指就这节内容,如果是在上课时,你的板书是如何设计的。板书设计布局要合理，能反映一堂课的梗概和黑板上所出现的主要内容。

六、教学基本功[1]

（一）语言

语言要清晰、简练、确切，讲话的速度要适中。

（二）板书

这里的板书是指教师在说课时所写的板书，字数一般不得少于30个字。板书要醒目，字迹要工整、美观、大方，设计要合理。

（三）教态

教师在说课时教态要自然、亲切、大方，衣着朴素、整洁，动作协调。

（四）教案

这里的教案是指说课的教案，说课的教案要体现说课的原则，集说课内容、上课内容于一体，项目要全，重点要突出，说理要简明扼要，设计合理。

以上是完整的从教材到过程设计，再到教师基本素质的全面的评价指标及其具体内涵。那么综合起来看，说课评价主要内容涉及以下几个方面：

一、评讲课者素质如何

包括教师的形象、老师的语言表达能力、与学生的交流沟通能力、实验动手能力、多媒体运用的熟练程度及使用效果、板书的设计及书写水平、对课堂教学的调控能力等。

二、评教学设计合理与否

具体地讲，引入有什么特色？能否激发兴趣？教学手段如何？环节的过渡是否自然？教学的过程是否流畅自如？有没有突出重点、突破难点，其方法和手段是否合理？有没有抓住问题的关键？是否符合学生的知识结构特点、能力结构特点

---

[1] 王瀚．如何说课[EB/OL].http://www.docin.com/p-191240526.html,2011.4.27.

及这一年龄段的心理特点？这些都要从教育学、心理学和教学法的高度进行剖析。

三、评教学技巧灵活与否

新课程理念是反对太强的教案意识的，要求教师通过发挥老师的主导地位来突出学生的主体地位，要充分利用好课堂教学过程中新生成的课程资源，只有这样，才能把"师生互动、生生互动"落到实处，才能使整堂课进行得如行云流水，滴水不漏。这里要强调的是，师生互动远不是教师问、学生答这么简单，听课的教师不能只看课堂教学是否够热闹，而要看整堂课中学生的思维有没有真正地动起来，要看学生能不能在老师的引导下提出问题，能否提出有深度的问题。如果学生能够在老师的引导下真正进入状态，大家都能静静地思考，而老师通过心灵的窗户与学生沟通，不断地鼓励学生，这是一种非常美妙的境界，可以说是"此时无声胜有声"。

四、评三维目标达成与否

例如有没有突出科学探究？有没有强化学生自主学习？有没有注重对学生能力的培养？包括实验动手能力、发现问题提出问题的能力等。能否结合教学内容，有意识地培养学生的科学态度和情感。

实际上总结起来，说课评价就是核心评两件事：一个是说课前的全部准备情况，一个是说课教师的临场表现。

说课前的准备情况有赖于勤奋和钻研。而说课的临场表现则相对于准备阶段而言带有更多的生成性和偶然性，需要教师的积累和智慧。常言说："三分戏，七分演。"说课其实也具有表演的性质。在精致的教学设计之外，教师该如何说才能收到很好的评价呢？主要就是要有良好的说课形象，包括语言、态度、细节的关注和把握。

首先是语言。"没声音，再好的戏也出不来。"教师最重要的同样是语言。教师可以说是"两年胳膊三年腿，十年难磨一张嘴"，语言既包括声音语言，也包括肢体和表情语言，因此说磨炼一个好的上课形象需要长久的毅力。说课语言可以分为两类,一类是独白,这类语言是说课中用到最多的,比如,教材的分析、教学方法的选择、教学目标与重难点、概括介绍的教学环节、说课中阐述的教学理念等,都要用独白式的语言;另一种是教学语言,这类语言主要用在模拟情境的时候,说课者以课堂上教师的身份说出来,仿佛面对的是学生。这时,不但要打动听者,而且还要让听者推测到在课堂上也会深深地吸引学生,所以,设计既要精彩,还要精彩地表达。

关于说课语言是否良好,有几条是评价的关键:一是声音要自然;二是语速要适度;三是语气要变化;四是感觉要兴奋;五是手势要大气。[1]

其次是自信。说课时既不能面无表情、平淡呆板,又不能拿腔捏调,像面对几岁的孩子,要亲切而不失庄重,文雅而不失幽默。因为说课是说给同行听的,说给领导听的,说的过程不是先知在布道,也不是专家在培训,更不是学生在求教,是介绍自己对教材的理解和教学设想,唤起听者的兴趣,激发他们的思维,探索更合理的教学设计。所以,说课者给自己的身份定位,既不能妄自尊大,当然更不能妄自菲薄。尤其是在答辩的时候,更应该注意谦虚但不自卑,义正词婉,理直气和。

最后是细节。比如多媒体的使用,不宜过于繁复,让画面代替思考。但也不宜一张白纸、两袖清风。再如板书,字的笔顺一定要正确,书写方面要下功夫,字迹工整、美观,有体为好。还要注意写字用时的把握,不能因为现场的板书耗费大量的时间,让听者处于长时间的等待中。

语言彰显实力,自信展露积累,细节决定成败。这些层面都是评课者关注的焦点,也是区分说课人水平和层次的标准,同样是说课评价的重要内容。

第三节 说课评价的途径与方法

说课与授课、备课是既有联系,又有区别。说课与授课的相同点在于二者都是

---

[1] 如何说课与模拟讲课[EB/OL].http://www.docin.com/p-420535558.html, 2012.6.10.

为完成一定的教学任务服务的,都要根据教学大纲的要求选取教学内容,讲究教法、学法和一定的教学设计。而不同之处有二:第一,目的不同。授课的目的是面对学生传授知识和技能,进而培养学生的能力和素质;说课的目的则是面对同行和专家系统叙述自己的教学设计,然后由同行提问评议,达到互相交流共同提高的目的。第二,内容和方法不同。授课要针对学生特点,运用科学方法,把知识和技能传授给学生,不需要叙述备课思维过程,而是通过师生双边的教学实践活动来体现教学设计与教学技能。说课是教师向同行和专家讲述某一教学课题的教学准备情况,要使用准确的语言叙述备课中的教学设计思维过程,对每一主要内容的教学,不仅要讲清怎样教,而且要讲清为什么这样教,说课有很鲜明的理论性,它是一种有理论性的深层次的教学研究活动。说课是授课的基础,通过说课,为教师授课梳理出比较全面、系统、科学、合理的授课基本要求。

因此,在评价的时候,说课评价和一般的听课评课还是有差别的。一般而言,对于说课的评价主要通过以下几个途径进行:

一、考查教师的教育教学理念能否落实课标精神,能否树立工作过程导向的课程开发、设计导向的教学思想、行动导向的教学方法、过程和多元评价导向的考核方法等先进的课程建设理念。

二、考查教师对任教学科的学科特点、所教课程的人才培养目标、质量标准、新课程开发与实施等方面的理解和掌握情况。

三、考查教师的教学基本功、基本素质及现代教育技术手段的运用。

四、考查教师课程设计、开发、实施的能力。主要考查教师对本课程定位的理解、课程开发与设计的能力;考查教师对课程内容选择的针对性和适用性;考查教师对教学模式、教学方法、教学手段、教学资源的设计与运用能力等。

一般而言,教师在评课活动中,会难于把握住评价的要点,产生片面性,究其根源,主要有:教师缺乏对评课的正确认识;评课之前没有做好充分的准备工作;教师的教育理论积淀不够,对新课程理念不能完全吃透;教师受刻板的教学观念和方法的制约。带有这些方面的问题去说课也好,进行说课评价也好,都是力不从心的。

那么做好说课评价,就要掌握以下方法:

一、正确认识评课的意义,掌握评课的基本理论,熟知评课的原则和标准

说课评价的目的是促进说课教师素质和教学质量的提高,所以评价说课就必须以评价教师在说课过程中所体现出来的业务素质、理论水平及教学综合能力为原则。根据被评价者层次差异性,给出行之有效的改良建议。

为了更加准确地对教师每个环节说课水平进行考核,最行之有效的方法就是采用评课表格的方式,优点就是量化、科学、公正、周全、明确。

表 6-1 《说课评价标准》表格范例 1

说 课 评 价 标 准				
评委姓名		说课教师	说课内容	
评价指标	评价标准		权重	实得分
教材 20分	1. 教材分析正确、透彻,说出知识前后联系,教材所处地位及教材处理。		6	
	2. 教学目标明确、全面,符合课标要求,符合学生实际。		5	
	3. 教学重点、难点确定准确。		5	
	4. 联系课标、教材正确说明教学目标、重点、难点的依据。		4	
教法 8分	5. 选择恰当、灵活、有启发性的教学方法。		4	
	6. 合理运用多种教学媒体。		4	
学法 10分	7. 教给学生合适的学习方法,培养能力。		6	
	8. 依据学生年龄特点和认知规律,有针对性地说出理论依据。		4	

项目		标 准	分值	
教学程序 52分		9. 导入新课自然。	7	
		10. 教学结构合理，目标明确，层次清楚。	3	
		11. 准确把握教材的深度和广度，难易适当。	3	
		12. 突出重点，抓住关键，突破难点。	6	
		13. 教法运用恰当、灵活，启发诱导恰当。	6	
		14. 体现指导学生自主探究。	3	
		15. 体现学法、电化教学手段运用恰当，演示正确。	5	
		16. 直观教学、电化教学手段运用恰当，演示正确。	5	
		17. 体现面向全体学生，鼓励学生的学习积极性。	3	
		18. 体现科学思想的渗透。	2	
		19. 练习、达标测试与教学目标匹配，分量适当。	3	
		20. 各环节安排正确、完整、恰当、具体。	6	
教师基本功 10分		21. 说普通话。语言规范、准确、精练。	4	
		22. 板书字体工整，布局合理，重点突出。	4	
		23. 说课姿态自然、大方。	2	
总评		评价意见：		

表6-2 《说课评价标准》表格范例2

		教师说课评价标准				
项目	权重	标 准	优	良	一般	差
说教材	12	正确分析教材的地位、作用、编排意图，能充分理解教材内容，把握知识体系。	4	3	2	1
		教学目标全面、明确、具体、恰当，符合大纲要求和学生实际，具有层次性、可测性。	4	3	2	1
		教材的重点、难点把握准确，确定教材重点、难点的依据说得清楚。	4	3	2	1
说教法	12	说清所要运用的教学方法。	4	3	2	1
		方法得当，灵活多样，有启发性。	4	3	2	1
		交代清楚运用这些方法的依据。	4	3	2	1

说学法	12	说清教给学生什么学法，培养哪些能力。	4	3	2	1
		说清怎样指导学生创造性地运用学法。	4	3	2	1
		交代选择学法的依据。	4	3	2	1
说教学程序	38	教学各环节设计科学新颖，并说明理论依据。	9	6	4	2
		节奏合理，时间分配恰当。	5	4	3	2
		说清解决重点、难点的方法及理由。	7	5	3	1
		注重基础知识和基本技能的训练，注重思维能力的培养。	7	5	3	1
		分析学生学习的障碍及其对策。	6	4	2	1
		板书设计合理，重点突出，简洁醒目。	4	3	2	1
教学手段	5	能最大限度运用现代教育技术手段从事说课活动。	5	4	3	2
教师基本功	16	用普通话，语言生动、规范、准确，富有感染力。	4	3	2	1
		脱稿说课，仪表大方，仪态亲切。	6	4	2	1
		条理清楚，富有逻辑性。	3	2	1	0
		字迹工整，美观大方。	3	2	1	0
说课特色	附加5分	有改革意识，在教材处理、教法运用、手段选择等方面有新颖独到之处。				

二、要做好评课之前的准备工作

盲目性是效率的大敌，说课、听课如此，说课评价也是这样。实际上评课的准备除了对评价内容、原则和标准熟知之外，就是与听课的准备工作一样。教师盲目进行听课与有所准备听课，效果大不一样，听说课也是要有一定的准备才有效，才会评价。

那么听说课之前要做哪些准备呢？[1]

---

[1] 陈华忠．教师应如何听评课[J]．基础教育，2007(02):39．

（一）熟悉教材，了解本课编者的意图，弄清新旧知识的内在联系，熟知教学内容的重难点。

（二）明确本课教学的三维目标，听课时只有明确了教学目标，才能看出教师教学的完成情况。

（三）针对本课在头脑中设计出课堂教学初步方案，粗线条地勾勒出大体的教学框架，为评课提供一个参照体系。

（四）听课前要回忆自己是否教过本课内容，有什么困惑与问题。再回忆是否听过这节课，上次听有什么收获和疑问。

带着这些目的来听说课，就会更有效、更准确地抓取出说课人的优点和不足之处，并能对具体位置、具体内容进行分析评判，还能给出合理可行的建议。

三、听说课时，要做好听课记录

听课记录是重要的教学研讨资料，是教学指导与评价的依据，它应该反映说课的原貌，使听课者依据记录，通过合理想象与弥补，在头脑中再现说课实况。听课记录应关注如下几个方面：

（一）关注教学环节设计的合理性

即情境创设→新课导入→新知探究→新知巩固、应用与拓展等。每个环节如何设计，理论依据是否合适恰当；注意思考教师为什么这样安排课堂教学环节，怎样使课堂结构符合本节课的教学目的、教材特点和学生实际，各个步骤或环节之间是否一环紧扣一环、安排得有条不紊。什么时候教师引导，什么时候学生自主探究，什么时候学生合作交流，什么时候学生练习展示，什么时候反馈评议，什么时候质疑讨论，什么时候归纳小结，是否做到合理安排、科学调配，充分发挥每个环节设计和教学手段的效能。

（二）关注重点和难点敲定及对其的突出与突破

听课时要关注教师怎样试图充分、灵活、简便、有效地运用学生已有的知识再现纵横联系；是否恰当采用举例说明、引导比较、直观演示等手段；如何设计运用比较、分析、综合等逻辑思维方式帮助学生突破重点难点，理解掌握新知、解决问题；要关注教师想要如何将书本知识转化为学生的精神财富；如何组织学生自主探究，亲身体验，学会新知。这些都要求青年教师必须认真细心揣摩。

(三)关注教学方法与学习方法的阐释

要关注教师怎样设计在教学过程中与学生互动，从教师的"教"为中心，向以学生的"学"为中心转移；怎样处理好传授知识与培养能力之间的关系；如何创设学生主动参与的教学环境，激发学生的学习积极性，培养学生学习能力；怎样培养学生学会观察、质疑与比较，学会分析、判断与推理，学会概括、归纳与小结，学会操作与演示，学会讨论、辩论与争论，学会调查、探究等。

(四)关注辅助手段的应用与板书设计

听课时要认真琢磨教师如何把信息技术与学科教学整合，充分发挥信息技术的作用，为学生的学习提供丰富多彩的教学情境，从而激发学生学习兴趣，提高课堂教学实效；还要关注教师如何设计板书，是否做到详略得当、层次分明、脉络清晰、重点突出、提纲挈领。

(五)关注练习设计与知识拓展

练习设计是否做到有针对性、层次性、拓展性，达到巩固新知、培养能力的目的。同时，要关注练习形式是否多样，是否应用所学知识解决日常生活实际问题，提高学生解决实际问题的能力。

依据上述途径和方法进行说课评价，就达到了说课评课的目的。一是对实际课堂教学设计的优劣做出鉴定；二是对课堂教学设计成败的原因做出评析；三是提出合理化的建议。这样既能满足教师之间切磋教学研究成果和心得、共同提高专业水平的要求，又能激发教师参与说课评课的热情，建立良好的教师自主学习发展的氛围。

第四节 说课评价的技巧

说课有说课的技巧，那么评课相应地也有评课的技巧。面对五花八门的课程设计，听着不同学科、不同层次教师的说课，如果不掌握一定的技巧，那么很难在短时间内发现其说课存在的问题，也很难提出有创建性的意见，也难以把握住说课者的优长供自己学习和借鉴。

那么，应当掌握哪些评课技巧呢？概括而言，就是"四原则、五要点、六关注"。

一、"四原则"

就是指考查说课过程中，说课者是否把握住了科学性原则、理论联系实际原则、实效性原则、创新性原则。

（一）科学性原则——说课活动的前提

科学性原则是教学应遵循的基本原则，也是说课应遵循的基本原则，它是保证说课质量的前提和基础。科学性原则对说课的基本要求主要体现在以下几个方面：

1. 教材分析正确、透彻。说课中，教师不仅要从微观上弄清弄懂各知识点的内涵和外延，做到准确无误，更重要的是要从宏观上正确把握本节课教材内容在本学科、本年段的地位、作用以及本课内容的知识结构体系，深刻理解各知识点之间的关系。

2. 学情分析客观、准确、符合实际。说课中教师要从学生学习本课的原有基础和现有困难两个方面分层次、客观、准确地分析学情，为采取相应的教学对策提供可靠的依据。

3. 教学目的的确定符号大纲要求、教材内容和学生实际。教学目的包括本节课的总目标与具体的基础知识目标、发展智能目标和思想教育目标，其确定都要与教材分析和学情分析保持高度的一致性，并要有切实可行的落实途径。

4. 教法设计紧扣教学目的、符合课型特点和学科特点、有利于发展学生智能、可行性强。说课中，教师既要说清本节课的总体构想以及依据，又要说清具体的教学设计尤其是关于重点、难点知识的教法设计的构想及其依据，使教法设计思路清晰、具有较强的可操作性。

因此在评价说课的过程中,也要聚焦说课教师对于教材、教学目的、教学设计、学情分析的合理性。

(二)理论联系实际原则——说课活动的灵魂

说课是说者向听者展示其对某节课教学设想的一种方式,是教学与研究相结合的一种活动。因此在说课活动中,说课人不仅要说清其教学构想,还要说清其构想的理论与实际两个方面的依据,将教育教学理论与课堂教学实践有机地结合起来,做到理论与实践的高度统一。

1. 说课要有理论指导。在说课中对教材的分析应以学科基础理论为指导,对学情的分析一概以教育学、心理学理论为指导,对教法的设计应以教学论和学科教学法为指导,力求所说内容言之有理、言之有据。

2. 教法设计应上升到理论高度。教师在教学实践中,往往注意到对教法本身的探索、积累与运用,而忽略了将其总结上升到理论高度并使之系统化、规律化,因而淡化、浅化了教学实践的功能。说课中,教师应尽量把自己的每一个教法设计上升到教育、教学、理论高度并接受其检验。

3. 理论与实际要有机统一。在说课中,既要避免空谈理论,脱离实际"放之四海而皆准",又要避免只谈做法不谈依据,还要避免为增加理论色彩而张冠李戴,理论与实际不一致、不吻合。要做到理论切合实际,实践是在理论指导下的实践,理论与实践高度统一。

评课者要观察说课者是否理论与实践联系得恰当紧密,前提就是自身要深谙与其相关的几个核心的理论的内涵及其适用的场合。这要求评课者要有一定的理论基础,并且在听课之前做适当的准备工作。

(三)实效性原则——说课活动的核心价值

任何活动的开展都有其鲜明的目的,说课活动也不例外。说课的目的就是要通过"说课"这一简易、速成的形式或手段来在短时间内集思广益,检验和提高教师的教学能力、教研能力,从而优化课堂教学过程,提高课堂教学效率。因此,实效性就成了说课活动的核心。为保证每一次说课活动都能达到预期目的、收到可观实效,至少要做到以下几点:

1.目的明确。大体上，说课可用于检查、研究、评价、示范等某种目的。一般来说，检查性说课主要用于领导检查教师的备课情况；研究性说课主要用于同行之间切磋教法；评价性说课主要用于教学评比、竞赛活动。

2.针对性强。这主要是针对检查性、研究性两种说课活动而言。检查性说课一般来说主要针对以下问题：教师的工作态度、教师的专业知识、教师的教学能力、教师的教研能力；研究性说课应主要针对承上启下的课节、知识难度较大的课节、知识难度较大的课节、结构复杂的课节以及同科教师之间意见分歧较大的课节等。只有加强了说课的针对性，才便于说课人和评说人的准备和对问题的集中研究与解决。

3.准备充分。说课前说课评说人都围绕本次说课活动的目的进行系统的准备，认真钻研大纲和教材，分析学情，做到有的放矢。说课人还要写出条理清楚、有理有据、重点突出、言简意赅的说课稿。

4.评说准确。评说要科学准确、指导性强。说课人说完之后，参加评说的人员要积极发言，抓住教学理论上的重大问题和教学中带有倾向性、普遍性、规律性的问题进行重点评说。主持人还应该将已达成的共识和仍存在分歧的问题分别予以归纳总结，以便在教学中贯彻执行或今后继续进行研究。

(四)创新性原则——说课活动的生命线

说课是深层次的教研活动，是教师将教学构想转化为教学活动之前的一种课前预演，其本身也是集体备课。尤其是研究性说课，其实质就是集体备课。在说课活动中，说课人一方面要立足自己的教学特长、教学风格，另一方面更要借助有同行、专家参与评说、众人共同研究的良好机会，树立创新的意识和勇气，大胆假设，小心求证，探索出新的教学思路和方法，从而不断提高自己的业务水平，进而不断提高教学质量。只有在说课中不断发现新问题、解决新问题，才能使说课活动永远新鲜、充满生机和活力。

二、"五要点"

五要点就是指教师在评价一个说课是否成功，就要从教材分析是否透彻、学情定位是否准确、目标阐释是否清晰、教学流程是否简要以及教学设计是否新颖这五个要点进行考核。

（一）教材分析透彻

怎么才算读透教材呢？核心在于对教材把握的准度、高度和深度。教师必须对教材内容进行深入准确的解读，不能浅化也不能偏颇，要有自己的见解。在高度把握的基础上，再结合学段目标、单元训练重点、教材的前后联系、篇章结构特点等进行适度解说。所以，说课的正式环节一般应该从对教材的介绍入手。

以语文教材为例，教材中的课文原来是一篇篇散落在不同领域的、没有联系的文章。这些文章的作者并没有想到他们写的文章会成为课文，只是编教材的人选编了他们的文章而已。它们原本作为社会阅读客体而存在的价值，可称之为"原生价值"。可这些文章一旦进入语文教材，成为课文，它们的价值就发生了增值和变化。它们保留了原本所有的"传播信息的价值"——"原生价值"，同时又增加了一种新的价值，即"教学价值"——"如何传播信息的价值"。解读教材时，就是要"瞻前顾后"。

以人教版小学语文课标教材五年级上册《梅花魂》说教材环节为例：

《梅花魂》位于人教版小学语文第九册第二组第六课。本组教材围绕"月是故乡明"这个专题，选编了四篇课文，让学生体会作者的思乡情以及抒发情感的不同方式。《诗词三首》为游子思乡之绝唱，《梅花魂》由思乡情升华到了爱国心，从情感与表达方式上传承前篇，也为两篇阅读课文做了铺设。本文是归国华侨陈慧瑛的回忆录，写了远在异国的外祖父通过梅花寄托款款思乡情、浓浓爱国意。第一和第三件事直接表达这种情感，其他三件事属于间接表达。课文高度的审美性和思想性给学生以有益的熏陶。

这位老师关注了本课的单元训练重点、教材的前后联系以及思想感情、表达方式上的变化等，这都不错。当然也可以进一步围绕题目进行解读。梅花作为花中四君子，已经成为一种具有中国特色的、代表高风亮节独特的意象。围绕这样的意象，作者所写的三件事彼此之间是怎样构成一个统一的整体为题目中的"魂"字服务的，这些如果能在解读教材的时候再好好加以推敲，相信不仅教材定位能够说得更准，而且说课中的教学设计也能站在更高的视角上进行。

(二)学情定位准确

对于学情的定位,主要就是对教学对象的知识储备、接受能力、思维特点的把握,可以从三个方面进行分析:

1. 对学习者知识水平起点的分析。奥苏贝尔说,一个概念要获得心理意义,必须于头脑中已存在的概念建立起实质的必然联系。如三角形的面积是与矩形面积相联系的。缺少矩形面积公式这一固着点,三角形面积公式很难获得心理意义,只能机械识记。涉及到同化(扩大相似块,建立连接点)、顺应(消除结构差,建立生长点)的概念。具体包括学习者头脑中是否存在与新知识有逻辑关系的知识——上位、下位,还是同类? 学习者认知结构中的知识层次是否合理。试想把蝙蝠与麻雀视为同一类的学生能否很容易地理解蝙蝠不是鸟,而是哺乳动物。按照最近发展区理论对新知识的输入进行定位,当新输入知识或信息保持在可理解或接近的程度时,原有知识水平与输入知识水平之间的"差异"会进一步刺激学生的语言发展。

2. 对学习者技能水平起点的分析。一要明确技能之间的层次;二要明确技能掌握的程度。"略微提前"理论:只有当输入的信息与已有的知识结构之间既有一致又有不一致,才能促进心理的发展。

3. 对学习者态度起点的分析。指学习者学习的兴趣、情感态度认知的水平、情感思想认识上的盲点等。

学生头脑中已有的原始概念是隐蔽的,要想办法让它们"暴露"出来。只有有了明确的问题和目的,调研的针对性和有效性才会比较强。

(三)目标阐释清晰

目标不是简单的罗列,在表述的时候同样应当陈述清楚。需要提示的是,目标切忌过多,目标多了等于没有目标。一堂课不可能承载那么多的学习目标,要依据课型的不同、内容的不同而定。当过老师的我们都知道,说话听音,锣鼓听经。目标明确,重难点就清晰了。

这里需要注意的是,"教学重点"一定是教材的具体内容里的,"教学难点"是从学生角度出发的学生学习着眼点。

还以教师说《梅花魂》的"教学目标"为例：

1. 体悟华侨老人眷恋祖国的情感，领会这种感情是怎样表达出来的。

2. 激发学生的爱国情和顽强不屈的精神。

3. 有感情地朗读课文。

其中第一条，"领会这种感情是怎样表达出来的"，想必说课教师一定是明白这种感情是怎样表达出来的，但作为听众呢，听了你的目标，我们依旧不知其所以然。表达方式是托物喻志，还是以物自况？是正面表现，还是侧面烘托？是借景抒情，还是直抒胸臆？包括第三条的"有感情地朗读课文"也是需要体现六年级的"有感情"是什么梯度，这里的"感情"究竟是什么。关注点应是如何有感情地朗读？重点训练哪种方法技巧？所以不要小看这短短几分钟的说教材，实际上作为语文教师最重要的是解读教材的能力，会听课的老师一下子就能从中分辨出高下。

（四）教学流程简要

教学流程紧紧围绕目标与重点，进行简要的环节设计。教学流程展现的是教学过程，教师对教材的理解和把握、教学设计的优劣以及教学理念都在这一部分中得到充分的展示。所以，说课稿的优劣百分之八十由这一环节决定。因此，说教学流程是说课的重点环节。那么如何说好教学流程呢？好的教学流程应该具备以下特点：

1. 清晰具体。要想让听者通过你的"说"了解你的教学实际，教学流程的设计一定要清晰完整。具体而言，要从新课的引入开始说起，然后按照教学设计逐步展开，课堂小结、课后的巩固练习、作业布置、板书设计等都是必须要说的内容，而且还要说出各教学各环节的衔接和过渡。但是，切忌把说课稿设计得天花乱坠，让人听得眼花缭乱，像一幅"课堂畅想图"。教学流程的设计要经得住推敲。虽然说课不像上课一样立即付诸于实践来检验，但是一定要符合教学规律和实际情况。根据学段的要求、教材的特点、学生的情况来设计，写出条理清楚、有理有据、重点突出、言简意赅的说课稿。

比如《三角形边的关系》一课，安排了这样的教学流程：按照发现问题、解决问题、形成能力、拓展知识的层次安排教学活动。问题从学生中来，但最终又落实到学生中去，符合学生的认知规律，逻辑性强。

2.详略得当。说课毕竟不同于上课，不是每一个环节都必须操作到位，再则，说课有时间的限制，一般是15分钟，这就要求说教学流程的时候，既不能太概括，三言五语说完了，让听者不知道教学的思路，也不能太具体，因为它不等同于课堂实录，像上课一般师生问答展示。所以，说课中的教学环节一般应采用概括与具体相结合，对于非重点或次重点的内容，可用概括的介绍一带而过，而对于教学的重点难点教师则要详细阐述，说清楚其中蕴含的小的教学环节以及每个环节中教师是如何指导学生学习的、预测达到的学习效果等。此外因为是说课，所以所有的教学环节都还只停留在预设的层面上，对教学时间的掌控也是教师的主观愿望，因此，在教学设计上应留出机动时间(3~5分钟)，并设计机动的教学内容，根据教学设计合理使用，切忌不能将40分钟满满地平均分配到各个环节中去。

尤其是教学重点以及难点、甚至容易引起歧义的地方，教师要展示几种教学预设，并分别针对不同的预设写出自己不同的指导对策。

还以《三角形边的关系》一课为例，教师将教学重点定位在"探索三角形边的关系"。与之对应的教学环节"问题在探究中解决"计划安排26分钟的学习时间。而且在说课中用绝大多数篇幅来说明自己是如何落实这个重点的。老师安排了实验感知和合作探究两大教学环节，并且将实验及探究过程中学生可能出现的情况以及教师预设的处理办法，明晰地表达出来。

(1)展示学生有疑问或不成熟的想法。学生发现：2根太短，1根长不能围成。让有发现的学生汇报为什么不能围成。

(2)展示两边之和等于第三边的情况。

预设一：不能围成。

提问：是不是其他情况都可以围成三角形了？

学生汇报：两根小棒之和等于第三根，也不能围成一个三角形。学生展示数据和小棒图。

预设二：能围成。

有的学生因为实验误差争论能围成，让这样的学生进行拼摆。学生在辩论中辨析了实验错误的原因。

感悟到：两边之和小于或等于第三边，都不能围成三角形。

(3)展示两边之和大于第三边的情况。

提问：说说你还有什么发现？

学生发现了：两根小棒之和大于第三根，才能拼成一个三角形。学生拿着实验数据边拼摆，边汇报自己是怎么发现的。

感受到：只要两边之和大于第三边，就能围成三角形。

这样的设计让听课人一目了然。而除了重点之外的内容则一语带过。总之，说课过程中能否做到该详则详、该略则略，不但反映了说课技巧的成熟程度，也说明了听课者理解教材的准确性和实际处理教材的技能，只有抓住重点、突出重点，课才会说得精彩。

3.理念点睛。说课是一种特殊的教研活动，除偶尔用于评比外，更多的时候是教师之间互相研讨、相互切磋，从而使教学设计不断趋于完善的一种教学研究形式。无论目的是什么，说课都要求教师在一定的高度上对教材、对自己的教学设计有一个理性的思考。所以，说课稿有别于教案的一个重要的标准就是强调说"理"，即不但要说"教什么"和"怎样教"，更要说出"为什么这样教"。说课者在讲述教学流程的过程中，要针对重难点环节谈明白自己的理论支撑，以便听者从中看到说者对教材的理解深度以及对教学的认识高度，从而产生共鸣。

例如，在英语学科《Water》一课的设计中，教师尝试运用建构主义的教学理念，在语篇"Water"的教学中帮助学生实现有效的语言建构。

建构主义提倡在教师指导下、以学习者为中心的学习，也就是说，既强调教师是意义建构的帮助者、促进者，又肯定学生是信息加工的主体、是意义的主动建构者。

教师要求学生：(1)要用探索法、发现法去建构知识的意义；(2)在建构意义过程中，要求学生主动去搜集并分析有关的信息和资料；(3)要把当前学习内容所反映的事物尽量和自己已经知道的事物相联系，并对这种联系加以认真的思考。教师要求自己：(1)激发学生的学习兴趣，帮助学生形成学习动机；(2)通过创设符合教学内容要求的情境和提示新旧知识之间联系的线索，帮助学生建构当前所学知识的意义；(3)为了使意义建构更有效，教师应在可能的条件下组织协作学习。

于是在《Water》一课中：

Pre—reading（读前）：

教师出示地球仪，链接了以往学生对于水的知识。初步建构归于水的词语体系。

While—reading（读中）：

结合水在每个地方、水很有用、水被污染三个中心句，通过看图、列表、讨论、对比、连线，让学生在分析有关的信息和资料的同时建构了关于水的句型体系。

Post—reading（读后）：

最后请学生在小组中就"现在所知道的水"做自由发言，写"节水倡议书"，建构关于水的运用体系。

于是我们可以看到，在建构主义理论的支撑之下，这一课的设计既让人感到有据可依，同时是一个听课者学习提高的过程。但不管用哪种理论，都要说得具体、令人信服。但同时要注意的是，教学流程中各环节的教学设计依然是说课重点，不可堆砌过多的空洞理论支撑，阐述要简明扼要，尤其是这个"理"要贴切，最好体现学科本身的"理"。

(五)教学设计新颖

这里的"新颖"是指教师自己对教学独特的理解以及相关的独特的创意。教师大胆改进教材中的实验，采用学生可行的实验操作，一点一点地在实验中培养学生的思维好奇与逻辑思维能力，真正体现在教好教材的基础上用教材教。

　　说课最忌讳的就是千篇一律、毫无创意、过耳就忘。有的课说过之后，某处创意和设计能够给评课人留下深刻的印象，这便是创新的地方、不同于千篇一律流程的独特之处。

　　作为一门综合性很强的说课艺术，它也贵在创造、贵在灵活、贵在特色，这也正是同样一个内容，不同的说课者会有不同的说课效果的根本原因。如果刻板地按图索骥、墨守成规、死搬硬套说课的条条框框，说课也就成了千人一面、千篇一律的标本，没有一丝活力和魅力可言了。所以，说课一定要注意发挥自己的特长，在不违反说课原则的前提下，努力扩大创造的空间，说出自己的特色。如可以根据具体情况，调整若干说课的环节或对某些环节做些拓展以及设计一些与众不同的精彩的导语和艺术地运用好多种教学媒体等。

三、"六关注"

　　为了避免"说者不知其理，听者不知所云"的状况，说课者和评课者都应当关注六个方面的内容：

　　一是关注教师有没有明确的教学目的，在课堂教学设计中这些目的是否能够达到；

　　二是关注教师怎样处理教材的重点、难点，是否把握住教材的精神实质；

　　三是关注教师能否对不同内容的课采取不同课型进行教学，课中各部分结构安排是否适当；

　　四是关注整个教学过程设计中教师是否遵循教学规律，是否着眼于培养学生能力，发展学生智力；

　　五是关注授课教师设计采用的方法是否得当，认真考查学习基础有差异的全班学生对教材的接受程度，学习负担是否适量；

　　六是关注授课教师驾驭课堂的能力，是否调动了学生的主动性，学生的思维是否处于积极状态。

　　从这六个方面着眼，就能够既全面又细致地对说课以及说课评价进行掌控，也能准确锁定优势和缺陷所在。

以上便是说课评价的几点技巧，不管以哪种方式表达，实际核心都是围绕教材、教学目标、过程设计、方法运用、学情和教师自身素质展开的，都是要有坚实的理论基础和丰富的实践经验，都是要在课标的指导下，把一样的课本讲出不一样的设计和风格。世间万事取得成功都没有捷径，一名新教师若想成为说课、讲课、评课的能手甚至是专家，都要具备坚忍的毅力、坚定的信心、艰苦的努力，还需要那么一些天赋和智慧。所以，多听、多看、多学、多记、多反思、多实践就成为教师专业成长过程中不变的法宝。

参考文献

著作类

[1]陈亚明.小学数学说课的理论与实践(新课程)[M].宁波：宁波出版社，2010年5月.

[2]窦桂梅.梳理课堂：窦桂梅课堂捉虫手记[M].南宁：广西教育出版社，2004年9月.

[3]窦桂梅.大夏书系·听窦桂梅老师讲课[M].上海：华东师范大学出版社，2006年2月.

[4]窦桂梅.听窦桂梅老师评课[M].上海：华东师范大学出版社，2011年2月.

[5]董国华、龚春燕.中小学课堂教学艺术[M].北京：科学技术文献出版社，1998年.

[6]方贤忠.如何说课[M].上海：华东师范大学出版社，2008年3月.

[7]河南省新乡市红旗区教育委员会.说课论[M].北京：北京科学技术出版社，1996年5月.

[8]贾书建.说课论要[M].哈尔滨：东北林业大学出版社，2003年.

[9]林崇德.发展心理学[M].杭州：浙江教育出版社，2002年5月.

[10]刘彦昆.教师如何提高说课艺术(修订版)[M].长春:吉林大学出版社,2010年4月.

[11]刘显国、刘杰.中小学教学艺术丛书:名师说课实录[M].北京:中国林业出版社,2008年3月.

[12]刘世斌.名师讲述如何提高学生课堂学习效率[M].重庆:西南师范大学出版社,2010年.

[13]马爱玲、李兴良.教学智慧的生成与表达:说课原理与方法[M].北京:教育科学出版社,2008年5月.

[14]谢安平等.说课实战训练教程[M].福州:福建教育出版社,2010年6月.

[15]俞冬伟、崔瑾.我们在成长中:教师说课获奖作品[M].北京:高等教育出版社,2011年8月.

[16]赵成喜.说课的技巧与艺术[M].长春:东北师范大学出版社,2010年.

[17]张文质、窦桂梅.赢在课堂,小学语文名师课堂深度解析[M].上海:华东师范大学出版社,2008年10月.

[18]郑金洲.说课的变革[M].北京:教育科学出版社,2007年7月.

论文类

[1]陈火弟.说课的理论与实践初探[J].抚州师专学报,2000(12).

[2]陈华忠.教师应如何听评课[J].基础教育,2007(02).

[3]陈小玲.浅谈教学管理的有效途径——说课[J].内蒙古民族大学学报,2006(04).

[4]董媛.浅谈教学艺术之说课[D].辽宁师范大学硕士论文,2011年3月.

[5]党炳康.浅谈体育说课[J].渭南师范学院学报,2005(03).

[6]蒋鹤生、计惠民.教师说课的意义及主要内容[J].白求恩医学院学报,2011(01).

[7]姜河、郭廷斌.说课的原则与程序结构[J].吉林省教育学院学报,2008(09).

[8]林坚.说课语言的艺术性[J].福建教育学院学报,2002(07).

[9]李三杰、纪素娟.浅谈说课的艺术[J].中国商界,2009(11).

[10]罗晓杰.说课及其策略[J].教育科学研究,2005(02).

[11]刘济远.说课艺术刍议[J].湖南科技学院学报,2009(12).

[12]时玉莲.说课,展现教学过程魅力的重要策略[J].教海探航,2006(08).

[13]王盼、侯万胜.浅谈如何提高师范类毕业生的说课能力[J].新课程研究,2011(01).

[14]王立英.浅谈说课的"六项注意"[J].基础教育研究,2010(11).

[15]王岁孝.谈教育实习中的说课[J].学理论,2009(32).

[16]王晖.如此评课要不得[J].教育科学论坛,2007(03).

[17]王光弟.论评课的技巧[J].科技信息(学术研究),2007(30).

[18]王传斌.构建新课程理念下的数学说课评价体系[J].淮北煤炭师范学院学报(自然科学版),2008(09).

[19]吴影、左丁丁.论说课艺术的特征及其教学意义[J].江西教育科研,2006(06).

[20]严深福.帮助教师提高听课评课水平[J].人民教育,1987(12).

[21]左家、屈中正、陈盛彬.关于说课问题的理论框架[J].湖南环境生物职业技

术学院学报，2010(01)．

[22]张朝红．说课艺术的思考[J]．山西经济管理干部学院学报，2010(12)．